Direito do Trabalho ao Alcance de Todos

JOSÉ ALBERTO COUTO MACIEL
Advogado. Membro da Academia Nacional de Direito do Trabalho.

PAULA MACHADO COLELA MACIEL
Advogada e Coautora.

Direito do Trabalho ao Alcance de Todos

17ª edição — Atualizada

EDITORA LTDA.

© Todos os direitos reservados

Rua Jaguaribe, 571
CEP 01224-001
São Paulo, SP – Brasil
Fone: (11) 2167-1101

Produção Gráfica e Editoração Eletrônica: Peter Fritz Strotbek
Projeto de capa: Fabio Giglio
Impressão: Pimenta Gráfica e Editora
LTr 4690.9
Agosto, 2012

Dados Internacionais de Catalogação na Publicação (CIP)
(Câmara Brasileira do Livro, SP, Brasil)

Maciel, José Alberto Couto
  Direito do trabalho ao alcance de todos / José Alberto Couto Maciel, Paula Machado Colela Maciel. — 17. ed. atual. — São Paulo : LTr, 2012.

  Bibliografia.
  ISBN 978-85-361-2248-9

  Direito do trabalho 2. Direito do trabalho — Brasil I. Maciel, Paula Machado Colela. II. Título

12-06950	CDU-34:331

Índices para catálogo sistemático:
  1. Direito do trabalho 34:331
  2. Direito trabalhista 34:331

*Para meus netos Raissa, Rudah, Nicolas, Melissa,
João Henrique, Nina e meu bisneto Ravi.*

Ao meu pai, com todo meu amor.

Sumário

Apresentação	9
I. Comentários	11
II. Introdução	13
III. Identificação profissional	21
IV. Jornada de trabalho	26
V. Repouso semanal	40
VI. Das férias	43
VII. Segurança e medicina do trabalho	51
VIII. Da proteção à maternidade	60
IX. Contrato individual de trabalho	63
X. Salário e remuneração	68
XI. Salário mínimo	75
XII. Alteração do contrato de trabalho	79
XIII. Suspensão e interrupção do contrato de trabalho	83
XIV. Garantia no emprego	86
XV. Fundo de Garantia do Tempo de Serviço	91
XVI. Do aviso-prévio	96
XVII. Extinção do contrato de trabalho	99
XVIII. Do trabalho doméstico	109
XIX. Do trabalho do motorista profissional	113
XX. Do trabalho temporário	118
XXI. Do trabalho rural e do trabalho avulso	119

XXII. Do contrato de aprendizagem 121
XXIII. Da prescrição 123
XXIV. Processo do trabalho 125
Obras do autor 138
Índice Remissivo 140

Apresentação

O livro *Direito do Trabalho ao Alcance de Todos* tem uma história no direito do trabalho brasileiro de mais de trinta anos de sucesso.

A primeira edição surgiu quando, em 1978, atuando como advogado trabalhista e Assessor do Ministro Arnaldo Prieto, verifiquei que o direito do trabalho era feito para que o trabalhador conhecesse seus direitos e os reclamasse na Justiça, até sem advogado, mas a linguagem jurídica não possibilitava a ele essa realização.

Resolvi então elaborar um manual, traduzindo o direito em forma simples, para que fosse do conhecimento de todos, sendo que, juntamente com a LTr Editora, consegui que a publicação alcançasse, em poucos anos, quase todos os trabalhadores do Brasil, mediante encomendas de Sindicatos, Federações, Confederações, Tribunais e mesmo vendas avulsas, o que superou, até agora, a publicação de mais de um milhão de exemplares.

As leis, porém, nesse tempo, foram alteradas, especialmente a legislação trabalhista cujo componente social exige alterações constantes, sendo que o livro foi somente atualizado com a Constituição de 1988.

Em razão da nova legislação em vigor — especialmente da Emenda Constitucional n. 45, de 8 de dezembro de 2004 — e da jurisprudência atual, convidei minha filha, Paula Maciel (especialista na área trabalhista, em especial no Tribunal Superior do Trabalho), para fazermos, em conjunto, uma atualização completa do "livrinho", o qual, com o nome de *Direito do Trabalho ao Alcance de Todos* — Atualizado, esperamos que tenha igual sucesso ao do seu antecessor.

José Alberto Couto Maciel

I. Comentários

O empregado tem direito ao trabalho e, em decorrência deste, obrigações e garantias decorrentes da profissão que exerce.

O trabalho é um princípio constitucional assegurado a todos, sendo que a Justiça do Trabalho, na atualidade, é competente não só para apreciar os conflitos entre empregados e empregadores como também nas demais hipóteses em que há trabalho, seja subordinado ou não.

Com relação às reclamações trabalhistas, os trabalhadores que postulam seus direitos na Justiça, por meio de seus advogados ou diretamente, devem conhecer esses direitos que lhes são inerentes — não como o advogado, através de estudos jurídicos, mas de forma simples e compreensível —, pois os benefícios de quem trabalha, em princípio, têm natureza salarial e são necessários à própria sobrevivência do trabalhador.

Procuramos, assim, elaborar, em linguagem acessível, perguntas e respostas sobre os direitos individuais dos trabalhadores, para que possam reclamá-los, com conhecimento, na Justiça, diretamente ou por intermédio de seus advogados.

Como apenas o conhecimento do direito substantivo não possibilita seu exercício, complementamos esse trabalho com o processo, integrado de forma simples, esclarecendo a todos sobre sua tramitação.

O trabalho que ora apresentamos objetiva fugir do entendimento profundo dos doutos para atingir o outro extremo, ou seja, o entendimento superficial dos necessitados.

II. Introdução

1. O que é o Direito do Trabalho?

O trabalho, em princípio, é qualquer atividade, mas para o Direito do Trabalho interessa a atividade humana: não quando o homem trabalha para si próprio, e sim quando trabalha para outro, com dependência ou mesmo sem depender diretamente deste outro, pois, atualmente, o trabalho que interessa ao Direito do Trabalho não é somente o subordinado, como também qualquer outra relação de trabalho existente.

2. Mas o trabalho que interessa ao Direito do Trabalho não é aquele entre empregado e empregador?

Era assim antes da Emenda Constitucional n. 45, de dezembro de 2004, pois a competência da Justiça do Trabalho era para dirimir os conflitos entre empregados e empregadores, e outros, mediante lei que assim estabelecesse.

Após a referida Emenda Constitucional, a competência da Justiça do Trabalho passou a ser para processar e julgar as ações oriundas da relação de trabalho, não só aquelas decorrentes do conflito entre empregados e empregadores, mas todas as relações em que haja trabalho — como o trabalho autônomo, o do representante comercial, o de prestação de serviços diversos, e muitos outros que não eram da competência da Justiça do Trabalho.

3. Mas a Justiça do Trabalho não é mais a protetora do empregado contra a força econômica do empregador?

Continua sendo, porque as leis especiais trabalhistas e o processo do trabalho são protetores dessa desigualdade, mas aplicam-se tais princípios em favor do empregado quando a relação é de emprego. Entretanto, se for julgada uma relação de trabalho, o processo será o mesmo e será apreciado na Justiça do Trabalho, mas aplicar-se-á, em cada caso, a legislação específica.

Exemplificando, se a reclamação na Justiça do Trabalho for de um Presidente de uma empresa querendo direitos estatutários, a competência será da Justiça do Trabalho, mas a sentença condenará em honorários advocatícios, na forma do Código de Processo Civil, pois não se estará tratando de uma relação com um empregado.

4. E as ações entre sindicatos?

Estas também serão julgadas pela Justiça do Trabalho.

5. E as ações por dano moral ou patrimonial?

A competência é específica também da Justiça do Trabalho, sendo que o dano moral e material têm sido, na prática, pedidos em quase todas as reclamações de empregados quando despedidos sem justa causa de forma irregular.

6. E os dissídios coletivos continuam existindo ou tudo deve ser resolvido pela negociação sindical?

Atualmente só há o dissídio coletivo se frustrada a negociação, e se as duas partes concordarem em discutir na Justiça seus direitos.

7. Então, qual é o conteúdo atual do Direito do Trabalho?

O Direito do Trabalho regula as relações entre empregado e empregador, desde antes da formação do contrato, durante sua existência e após sua vigência; são as relações individuais, que formam o direito individual do trabalho.

Mas esse direito também regulamenta as relações existentes entre os empregados e as associações profissionais, ou sindicatos aos quais pertencem, formando o direito coletivo para existir, dessa forma, o direito individual e o direito coletivo do trabalho.

O Direito do Trabalho possui, ainda, normas que possibilitam ao empregado e ao empregador, como também aos sindicatos, solucionarem seus conflitos na Justiça do Trabalho, o que se faz através do Direito Processual do Trabalho.

É frente ao Direito Processual do Trabalho, aplicável na Justiça do Trabalho e outras normas de direito aplicadas subsidiariamente, que se apreciem as demais questões concernentes à relação de trabalho, e não só de emprego, como era antes da Emenda Constitucional n. 45.

8. Quais as fontes nas quais se origina o Direito do Trabalho?

A fonte principal é a Constituição Federal. Em seguida, tem o direito trabalhista origem na Consolidação das Leis do Trabalho, em leis não consolidadas, nos regulamentos do Poder Executivo e das empresas, nas sentenças normativas, convenções e acordos coletivos e nos costumes.

9. As normas constitucionais favoráveis ao trabalhador aplicam-se independentemente de regulamentação?

Na Constituição anterior existiam normas autoaplicáveis e outras que dependiam de lei ordinária que as regulamentassem. Exemplificando: o direito constante do art. 165, V, da Emenda Constitucional n. 1/69, relativo à participação nos lucros, jamais foi regulamentado, não integrando as vantagens dos trabalhadores.

No texto vigente, porém, criou o constituinte o mandado de injunção, uma nova garantia constitucional, semelhante ao mandado de segurança, que dá direito a qualquer pessoa de exercitar seu direito caso ainda não tenha sido estabelecida norma regulamentadora. Dessa forma ou a norma é regulamentada, ou o indivíduo pode pedir sua aplicação na Justiça. O Supremo Tribunal Federal, porém, tem entendido que a injunção é para obrigar o órgão a legislar, não podendo a Justiça regulamentar a matéria.

Assim, apesar de favoráveis ao trabalhador, nem todas as normas previstas na Constituição Federal de 1988 são autoaplicáveis, isto é, para constituírem direito efetivo, aquele que pode ser cobrado do empregador, necessitam de lei para regulamentá-las, podendo esta lei ser ordinária ou complementar, como, por exemplo, indenização compensatória contra despedida arbitrária ou sem justa causa (art. 7º, I, CF); participação nos lucros, ou resultados, ou participação na gestão da empresa (art. 7º, XI, CF); aviso-prévio proporcional ao tempo de serviço (art. 7º, XXI, CF), entre outros.

10. As vantagens constitucionais que protegem o trabalhador modificam o contrato de trabalho em vigor a favor do empregado?

Sim. Há uma aplicação imediata da norma constitucional benéfica porque ela garante um mínimo de garantias que prevalece sobre a vontade individual das partes contratantes.

Por exemplo: um trabalhador contratado antes da vigência da Constituição Federal de 1988, que tivesse previsto no contrato uma jornada de 48 horas semanais, teve, automaticamente, independente da celebração de novo contrato de trabalho, seu contrato alterado e sua jornada reduzida, pois, a partir de outubro de 1988, a jornada semanal normal foi reduzida para 44 horas semanais. (art. 7º, XIII, da CF)

11. O que se entende por princípio da territorialidade?

É que se aplica no Direito do Trabalho a lei do lugar em que o trabalhador executa o serviço.

12. O trabalhador pode renunciar os seus direitos?

Os direitos mínimos legais não podem ser objeto de renúncia como, por exemplo, o salário mínimo. Poderá o empregado renunciar a determinadas vantagens pessoais, em que não há interesse público predominando sobre elas. Qualquer alteração contratual, porém, que seja prejudicial ao trabalhador, mesmo com a sua anuência, será anulada pela Justiça do Trabalho, desde que observado o prazo prescricional. A Constituição de 1988 admite no art. 7º, item VI, que o salário do trabalhador seja reduzido, desde que aceita a redução pelo seu sindicato, em acordo ou convenção coletiva, ficando claro que o sindicato não pode negociar a redução do salário mínimo, porque, como já dito, este é um direito irrenunciável. Então, toda a negociação referente à redução salarial procedida pelo sindicato tem de observar o piso do salário mínimo legal — que não se confunde com o salário mínimo da categoria, fixado por meio de acordo ou convenção coletiva.

13. Quem é o empregado?

É a pessoa física que trabalha para outra, habitualmente, recebendo em decorrência dos serviços prestados um pagamento, chamado salário, sendo subordinada às ordens daquele para quem trabalha: seu empregador.

14. O empregado pode ser tratado com desprezo pelo empregador porque trabalha com as mãos, diferente de outros que fazem um trabalho mais técnico ou intelectual?

Não. A lei proíbe que o empregado faça distinção em razão do trabalho ser manual, técnico ou intelectual.

15. Quem é o empregador?

É a pessoa que contrata e paga o empregado, dirigindo a prestação de serviços.

16. O empregador é sempre uma pessoa física?

Não. Pode ser uma pessoa física, mas, na maioria das vezes, é pessoa jurídica, como, por exemplo, uma empresa.

17. O que é uma empresa?

É um empreendimento no qual é utilizado o trabalho alheio para a consecução dos fins pretendidos pelo empresário.

18. Então, as empresas não são só comerciais e industriais?

Não. O conceito de empresa no Direito do Trabalho é diferente do conceito econômico. A empresa é considerada com relação à mão de obra utilizada, levando-se em conta que o empregador é aquele que se utiliza do trabalho subordinado do empregado, inclusive instituições de beneficência, associações recreativas, literárias e outras.

19. A lei trabalhista geral (CLT) é aplicável a todos os que trabalham?

Não. Se eu trabalhar no meu escritório, sem depender de ninguém para comandar os serviços que executo, não serei empregado; diz-se que sou autônomo.

Na administração pública, os servidores públicos são regidos por Estatuto próprio: o Regime Jurídico da União.

Pela nova Constituição, os trabalhadores avulsos foram equiparados aos trabalhadores urbanos, aos domésticos foram concedidas inúmeras vantagens e os rurais passaram a ter os mesmos direitos dos urbanos, com regulamentações especiais relativamente às peculiaridades dos trabalhos.

20. O que é lei especial para o Direito do Trabalho?

É uma lei aplicável na regulamentação de determinada profissão. Exemplificando: o normal é a pessoa trabalhar oito horas por dia. O médico, porém, tem seu trabalho regulamentado por lei que fixa este horário entre duas a quatro horas diárias. Esta é uma lei especial.

21. O que vale mais: a vontade do empregado, a do empregador ou a do Estado?

A vontade do Estado representa a vontade dos empregados e dos empregadores e todos os direitos e deveres são por ele reconhecidos. Sendo o Estado o maior interessado na paz social, representa a vontade das partes para visar o bem social, pois seu poder emana do povo.

22. O que é a Justiça do Trabalho?

No Direito do Trabalho, se o empregador não respeitar um direito do empregado, quem determina que ele o respeite é o Juiz. É na Justiça do Trabalho que se resolvem os conflitos entre trabalhadores e empregadores e demais relações de trabalho.

23. O que faz o Juiz?

O Juiz aplica as normas, dizendo qual das partes está com a razão, solucionando os conflitos.

III. Identificação Profissional

24. O que é a Carteira de Trabalho e Previdência Social (CTPS)?

É um documento obrigatório para toda pessoa que venha a prestar algum tipo de serviço a outra pessoa, seja na indústria, no comércio, na agricultura, na pecuária ou mesmo de natureza doméstica.

25. A Carteira de Trabalho e Previdência Social é, então, obrigatória para entrar no emprego?

Sim. O empregado tem que ter a carteira para ser admitido no emprego.

26. Qual a importância da Carteira de Trabalho e Previdência Social?

É importante porque por intermédio dela o trabalhador tem protegidos direitos trabalhistas e previdenciários, como salário regular, férias, décimo terceiro, repouso remunerado e aposentadoria.

27. Onde é expedida a Carteira?

O interessado em tirar a Carteira de Trabalho e Previdência Social deverá dirigir-se a Delegacia Regional do Trabalho — DRT, Subdelegacias Regionais ou Posto de Atendimento mais próximo de sua residência, estabelecido pelo Ministério do Trabalho e Emprego.

28. Quais são os documentos necessários para se tirar a Carteira?

— 2 fotos 3x4, com o fundo branco, coloridas ou em preto e branco, iguais e recentes;

— Comprovante de residência;

— Documentos que contenham as informações necessárias ao preenchimento da qualificação civil, ou seja:

• Nome;
• Local/estado de nascimento;
• Data de nascimento;
• Filiação;
• Nome, número do documento e órgão emissor.

Documentos que PODEM ser aceitos:

• Carteira de Identidade;
• Certificado de Reservista - 1ª, 2ª ou 3ª categoria;
• Carta Patente (no caso de militares);
• Carteira de Identidade Militar;
• Certificado de Dispensa de Incorporação;
• Certidão de Nascimento;
• Certidão de Casamento; ou qualquer outro documento oficial de identificação, desde que contenha todas as informações necessárias ao preenchimento da identificação do interessado.

29. E se o empregado não tiver esses documentos?

Poderá obter a Carteira por meio de declarações verbais, desde que confirmadas por duas testemunhas.

30. Com que idade pode ser emitida a CTPS?

A CTPS será emitida para todos os solicitantes com idade igual ou superior a 14 anos. A contratação dos menores que se enquadrarem na faixa etária entre os 14 e 16 anos é da responsabilidade do empregador que, quando necessário, deverá comprovar a sua condição de menor aprendiz.

31. O que será anotado na Carteira de Trabalho e Previdência Social?

Toda a vida funcional do trabalhador, como as condições de trabalho, especialmente a data de admissão e remuneração do empregado.

A CTPS deve ser atualizada toda vez que houver qualquer alteração no contrato de trabalho, quando o empregado tiver seu salário modificado, sair de férias, passar a exercer outra função etc.

32. Quem anota a Carteira?

O empregador, que tem quarenta e oito horas para devolver a Carteira anotada após sua apresentação pelo empregado.

33. Qual o valor das anotações?

Têm um grande valor pois formam a prova principal do contrato de trabalho, especialmente nos casos em que houver um processo na Justiça do Trabalho entre a empresa e o empregado por motivos de salário, férias ou tempo de serviço; perante a Previdência Social, para efeito de declaração de dependentes; e para cálculo de indenização por acidente de trabalho ou doença profissional.

34. E para o empregado, qual o valor das anotações?

Sendo as anotações feitas pelo empregador, o valor delas, com relação ao empregado, é absoluto, não podendo ser contestadas pelo empregador.

35. E se a empresa recusar-se a devolver a Carteira anotada?

Poderá o empregado comparecer, pessoalmente ou por intermédio de seu sindicato, perante a Delegacia Regional ou órgão autorizado para apresentar reclamação contra o empregador. Se ele negar a relação de emprego dizendo que o reclamante não é seu empregado, o processo será enviado à Justiça do Trabalho para conhecer e decidir a questão. Caso não compareça e nada alegue, as anotações serão efetuadas por despacho da autoridade que tenha processado a reclamação.

36. O que é o Ministério do Trabalho e Emprego?

O Governo atua em diversas áreas relacionadas à educação, saúde, transporte, comunicação, trabalho e outras. Estas áreas de atuação do Governo estão distribuídas em Ministérios. Assim, todas as questões relacionadas ao trabalho serão orientadas pelo Ministério do Trabalho e Emprego.

37. O Ministério do Trabalho e Emprego é o mesmo que o da Previdência Social?

Não. Cada um tem uma função específica.

38. Quais as funções do Ministério do Trabalho e Emprego?

Cuidar de tudo que se refere ao trabalhador: desde sua preparação para o trabalho, até quando não mais puder trabalhar.

39. Quais as funções do Ministério da Previdência Social?

Garantir ao trabalhador um valor mensal quando ele perde a capacidade de trabalho, seja por doença ou invalidez, e nos casos de aposentadoria, pensão aos familiares, quando de seu falecimento, tratamento de saúde e outros benefícios.

IV. Jornada de Trabalho

40. Quantas horas deve trabalhar o empregado, em geral?

Em quases todos os trabalhos, os empregados devem trabalhar oito horas por dia.

41. Então o trabalhador deverá trabalhar quarenta e oito horas por semana?

Não. A Constituição Federal limitou a jornada semanal em quarenta e quatro horas por semana, facultando a compensação de horários e mesmo a redução da jornada, mediante acordo ou convenção coletiva de trabalho.

42. Existem trabalhos com horários especiais?

Sim. Existem trabalhos que, por serem muito cansativos, penosos ou insalubres, desgastam demais o trabalhador, como no caso de telefonistas, ascensoristas, bancários e outras profissões especializadas e, nestes casos, os empregados devem trabalhar menos.

43. Pode o empregado trabalhar muitas horas além das oito?

Não. Mesmo que o empregado queira trabalhar mais, para elevar sua remuneração, não deve o empregador deixar, nem o Governo, pois o descanso é essencial, inclusive para sua saúde, sendo um direito e uma obrigação. Pela lei, a duração normal do trabalho poderá ser acrescida em no máximo duas horas, mediante acordo escrito entre empregador e empregado ou mediante contrato coletivo de trabalho.

44. Se o empregado trabalhar seis horas, haverá algum intervalo?

Sim. Será obrigatório um intervalo de quinze minutos quando a duração ultrapassar quatro horas.

45. E se o trabalho exceder de seis horas?

Será obrigatória a concessão de um intervalo para repouso ou alimentação, o qual será no mínimo de uma hora, salvo acordo escrito ou contrato coletivo em contrário.

46. Este intervalo de descanso integra a duração do trabalho?

Não. Os intervalos de descanso não serão computados na duração de trabalho.

47. Entre dois dias de trabalho, o empregado tem direito a descansar?

Sim. Entre duas jornadas de trabalho haverá um descanso, de, no mínimo, onze horas consecutivas.

48. O que é o horário noturno?

É o trabalho realizado entre as 22 horas de um dia e as 5 horas do dia seguinte.

49. O empregado ganha a mais por trabalhar à noite?

Sim. A hora noturna é paga com um acréscimo de vinte por cento, pelo menos, sobre a hora diurna.

50. Entre 22 horas e 5 da manhã existem sete horas. O empregado só pode trabalhar de noite sete horas?

Sim. A proteção ao trabalho noturno é dupla: além de o empregado ganhar mais vinte por cento sobre a hora trabalhada, à noite, esta hora é calculada como se tivesse cinquenta e dois minutos e trinta segundos, ou seja, sete horas noturnas são iguais a oito horas diurnas.

51. O que são horas extras?

São as horas que o empregado trabalha além de sua jornada contratual.

52. O empregado deverá receber a mais por essas horas?

Sim. Qualquer horário extraordinário será pago, pelo menos, com o mínimo constitucional fixado em 50%.

53. E se o empregado fizer horas extras habitualmente, por mais de um ano, estas integram seu salário quando forem suprimidas pelo empregador?

Não. A supressão, pelo empregador da jornada extraordinária prestada com habitualidade, durante pelo menos um ano, assegura ao empregado o direito à uma indenização correspondente ao valor de um mês de horas suprimidas para cada ano ou fração igual ou superior a seis meses de prestação de serviço acima da jornada normal. O cálculo observará a média das horas extras trabalhadas nos últimos doze meses.

54. E enquanto não houver supressão, as horas extras prestadas têm seu valor considerado para o cálculo do valor devido nas férias e no 13º salário do empregado?

Sim. O valor recebido pelo trabalhador, a título de horas extras, é considerado no pagamento das férias, do 13º salário e sobre ele também é recolhida a parcela referente ao FGTS, em razão da natureza salarial das horas extras.

55. Quando o empregado pode trabalhar horas extras?

Quando existir um acordo escrito entre empregador e empregado ou mediante contrato coletivo de trabalho, para que ele trabalhe no máximo mais duas horas por dia, ganhando um percentual de, no mínimo, cinquenta por cento sobre a hora normal trabalhada.

Na prática, é comum o trabalho extraordinário independente de acordo escrito.

56. E se o empregado fizer mais de duas horas extras por dia?

O empregador deverá pagar da mesma forma por todas as horas a mais trabalhadas, podendo ser punido pela fiscalização do Ministério do Trabalho.

57. E se o empregador combinar com o empregado para que ele trabalhe mais em um dia e menos no outro?

A compensação de horários é possível e daí o empregador não precisará pagar mais, não podendo, porém, ultrapassar o horário de trabalho diário de mais de dez horas, devendo ser feita mediante acordo ou convenção coletiva.

58. Serão descontadas ou computadas como horas extras as variações de horário no registro de ponto?

Desde que estas variações não excedam cinco minutos, observado o limite máximo de dez minutos diários não serão descontadas nem computadas.

59. O tempo gasto pelo empregado até o local de trabalho, assim como o seu retorno, deverá ser pago como hora extra?

Não. Só será pago como extra se o local de trabalho for de difícil acesso ou não servido por transporte público e o empregador fornecer a condução. Essas horas são chamadas de horas *in itinere*.

60. E as mulheres podem fazer horas extras?

Sim, mas será obrigatório um descanso de quinze minutos no mínimo, antes do início do período extraordinário do trabalho.

61. O empregador pode exigir que o empregado faça horas extras?

Sim, nos casos de necessidade comprovada da empresa.

62. E a prorrogação só poderá ser de duas horas diárias?

Não. Em casos excepcionais poderá o empregador requisitar a força de trabalho do empregado por quatro horas, além da jornada normal de oito horas.

63. E esse direito conferido ao empregador de exigir o trabalho extraordinário pode ser exercido sempre?

Não. Somente nos casos de necessidade imperiosa, seja para fazer face a motivo de força maior, seja para atender à realização ou conclusão de serviços inadiáveis ou cuja inexecução possa acarretar prejuízo manifesto.

64. É devido adicional sobre estas horas?

Nos casos de excesso de horário por motivo de força maior, a remuneração da hora excedente deverá ser feita com o mesmo valor do das horas normais de trabalho. Nos demais casos, a remuneração será de 50% ao da hora normal.

65. O que é força maior?

É um acontecimento inevitável e imprevisível para o qual o empregador não contribui e que afeta, diretamente, a empresa.

66. A duração normal do trabalho e suas prorrogações são aplicáveis a todos os empregados?

Não. Há trabalhadores que exercem profissões cujo serviço é externo, sem controle de horário, como vendedores, mas esta condição de trabalho externo tem de ser anotada na CTPS e no registro de empregados.

67. E no trabalho realizado em turnos ininterruptos de revezamento?

Nesse tipo de atividade, a jornada máxima é de seis horas, admitindo exceções quando em decorrência de negociações coletivas.

68. E os empregados que trabalham como operadores de *telemarketing*?

Para eles fica estabelecida a jornada de seis horas de trabalho por dia ou trinta e seis horas semanais.

69. E os empregados que trabalham em minas no subsolo?

A duração normal do trabalho efetivo para os empregados em minas no subsolo não poderá exceder de seis horas diárias ou de trinta e seis semanais, salvo acordo escrito entre empregado e empregador ou acordo coletivo de trabalho. Neste caso, a duração normal do trabalho efetivo poderá ser elevada até oito horas diárias ou quarenta e oito semanais.

70. A mulher pode trabalhar em minas no subsolo?

Não. Somente homens, com idade compreendida entre vinte e um e cinquenta anos.

71. Os empregados que chefiam o trabalho têm controle de horário?

Não, porque estão em função de comando, não possuindo horário certo para cumprir. Além dos gerentes, estão dispensados do controle de horário os exercentes de cargo de chefia que se equiparem a diretores e chefes de departamento ou filial, desde que o salário do cargo de confiança, compreendendo a gratificação de função, se houver, seja superior ao valor do salário efetivo, acrescido de 40%. Se o empregado for denominado "gerente", mas não receber remuneração superior em 40% aos colegas do cargo efetivo, então em relação a ele deverá ser observada a jornada normal de oito horas diárias, pois no Direito do Trabalho não importa o nome do cargo, mas o que ocorre na realidade, isto é, se o trabalhador não receber salário superior em razão do cargo que exerce, este cargo de confiança pode ser descaracterizado, e todas as horas trabalhadas pelo empregado, além das 8 horas diárias, serem devidas como horas extras.

72. Dois empregados ocupam cargo de confiança. Um trabalha em média 10 horas diárias e recebe

40%. O outro que trabalha em média 12 horas tem direito a receber adicional superior?

Não. A lei é clara. Esses profissionais estão isentos do controle de ponto e, dada a natureza de suas funções, podem administrar seu horário de trabalho da forma que melhor lhe convier, não devendo a empresa pagar mais para o que trabalha 12 do que para o que trabalha 10, pois depende deles estabelecer seus próprios horários para cumprirem as tarefas exigidas.

73. Qual a duração normal do trabalho dos bancários?

A duração normal do trabalho dos empregados em bancos, casas bancárias e Caixa Econômica Federal será de seis horas contínuas, de segunda a sexta-feira.

74. Os empregados que trabalham em empresas de créditos, financiamento ou investimento têm também direito à jornada de seis horas?

Sim. Esses empregados se equiparam aos bancários, daí terem direito à jornada especial de seis horas.

75. E os empregados de empresa de processamento de dados que prestam serviços a banco integrante do mesmo grupo econômico?

Também em relação a esses trabalhadores o TST, por meio da Súmula n. 239, assegurou a jornada dos bancários, vez que a eles os equiparou.

76. E os empregados de empresas distribuidoras e corretoras de títulos e valores mobiliários têm direito à jornada especial dos bancários?

Não. A Súmula n. 119 do TST os exclui expressamente dessa jornada especial.

77. E o vigilante, é considerado bancário?

Não. O vigilante contratado diretamente por banco ou por intermédio de empresas especializadas não é bancário.

78. Todos os empregados em bancos têm direito à jornada de trabalho de seis horas?

Desde que o empregado trabalhe no banco terá direito à jornada especial de seis horas, prevendo o art. 226 da CLT a aplicação do regime especial também aos empregados de portaria e de limpeza, tais como porteiros, telefonistas de mesa, contínuos e serventes. Não se beneficiam do horário especial os empregados pertencentes a categorias profissionais diferenciadas, aos quais se aplicam as vantagens da categoria a que pertencem.

79. Mas se eu trabalho fazendo faxina em um banco, mas por ele não fui contratado, posso me considerar bancário e exigir a jornada especial de seis horas?

Não. Este é um caso especial, em que houve terceirização de serviços. Isto é, para o banco, o serviço de faxina, de limpeza, não se confunde com a essência de suas atividades. Assim, por não ser atividade essencial, e havendo lei específica que autorize a contratação de serviços de vigilância, conservação e limpeza, com empresas específicas, o vínculo de trabalho não se forma com o bancário, mas com a empresa por ele contratada para prestar este serviço, razão pela qual a faxineira de um banco, se não foi por ele contratada, se dele não recebe salários, e se a ele não está subordinada diretamente, não é assegurada pela jornada de seis horas diárias.

80. Os empregados que exercem funções de direção, gerência, fiscalização ou chefia têm direito ao horário de seis horas diárias?

Não. A lei é expressa no sentido de que não se aplica o horário reduzido aos que exercem funções de direção, gerência, fiscalização, chefia e equivalentes ou que desempenham outros cargos de confiança, desde que o valor da gratificação percebida não seja inferior a um terço do salário do cargo efetivo. Com base na Súmula n. 102, IV, do TST, eles têm direito às horas extras se o trabalho ultrapassar oito diárias.

81. Basta, então, que o empregador pague uma gratificação equivalente a um terço e considere o cargo do empregado de confiança excluído do horário diário de seis horas?

Não. A jurisprudência tem se firmado no sentido de apreciar, caso a caso, as reclamações que são interpostas por empregados que não consideram seus cargos de confiança. A lei foi feita para evitar a fraude, daí a necessidade que tem o Juiz de apreciar a questão detalhadamente, verificando se realmente está comprovada a função de confiança ou se é apenas uma nomenclatura fixada pelo empregador para ampliar o horário do empregado de seis para oito horas, pagando-lhe somente a gratificação de um terço.

82. Nesses casos, verificando a Justiça do Trabalho que o cargo não é de confiança, tem direito o empregador

de compensar as horas extras devidas com as gratificações pagas?

Não. Com base na Súmula n. 109 do TST, o bancário não pode ter o salário relativo a horas extraordinárias compensado com o valor daquela vantagem.

83. E o caixa executivo exerce cargo de confiança?

Não. O caixa bancário, ainda que caixa executivo, não exerce cargo de confiança. Se receber gratificação igual ou superior a um terço do salário do posto efetivo, essa remunera apenas a maior responsabilidade do cargo e não as duas horas extras além da sexta.

84. Quer dizer que a gratificação igual ou acima de um terço do salário efetivo serve para remunerar o empregado pela responsabilidade do cargo de confiança e não pelas horas trabalhadas acima das seis?

Não. A lei é expressa na substituição, não determinando a acumulação. É admitido o pagamento de gratificação e mais as horas extras, quando não comprovado efetivamente o cargo de confiança, como nos casos de caixa executivo.

85. Os empregados de confiança que trabalharem acima de oito horas diárias terão direito a horas extras?

É necessário, no caso, fazer uma distinção. O § 2º do art. 224, da CLT, exclui do horário especial de seis horas os que exercem funções de direção, gerência, fiscalização, chefia e equivalentes ou que desempenham outros cargos de confiança, desde que percebam gratificação não inferior a um terço de seus salários, daí estarem os mesmos regidos pelo horário diário normal da CLT, que é de oito horas.

Na própria jornada normal de trabalho, entretanto, existem empregados que são dela excluídos, conforme dispõe o art. 62, II, e parágrafo único, do texto consolidado. Entre eles estão os gerentes, assim considerados os exercentes de cargo de gestão, diretores, chefes de dapartamento ou filial, desde que sua remuneração seja superior em 40% ao salário efetivo.

Ora, os bancários comissionados como gerentes, na forma que dispõe o citado art. 62 da CLT, estão excluídos também da jornada de oito horas diárias, o que não acontece com os demais que, embora trabalhando em cargos de confiança, não têm as responsabilidades da gerência.

86. O bancário pode trabalhar aos sábados?

Por lei, os bancos não podem funcionar aos sábados, quer em expediente interno, quer externo.

87. O sábado é dia de repouso remunerado para o bancário?

Não. Conforme estabelece a Súmula n. 113, o sábado do bancário é dia útil não trabalhado e não dia de repouso remunerado, não cabendo, por isso mesmo, a repercussão de horas extras habituais sobre a remuneração do empregado.

88. Como é possível prorrogar o horário diário de trabalho do bancário?

Mediante acordo escrito, contrato ou convenção coletiva, até o limite de quarenta horas semanais.

89. Quanto deve receber o bancário por hora extra trabalhada?

A ele deve ser pago o adicional de pelo menos 50% por hora suplementar.

90. Pode haver compensação?

Sim. Mediante acordo ou convenção, o excesso de um dia poderá ser compensado pela diminuição proporcional em outro, desde que não seja excedido o horário normal da semana, nem o limite máximo diário de oito horas.

91. O trabalho bancário pode ser executado à noite?

Não. A regra é a de que o trabalho do bancário deverá ser fixado entre sete e vinte e duas horas.

92. Há exceções?

Sim. Apenas nos serviços de compensação de cheques e de computação eletrônica. Nesses casos é permitido o trabalho noturno do bancário, desde que haja sua concordância por escrito.

93. Quem trabalha no período diurno pode ser aproveitado no período noturno, ou vice-versa?

A lei proíbe o aproveitamento de empregado nos dois períodos. Assim, o empregado que trabalhou no período diurno não pode ser aproveitado no período noturno, e vice-versa.

94. É permitido horário misto, isto é, parte diurno, parte noturno?

Sim, como, por exemplo, das dezoito às vinte e quatro horas.

95. Quantas horas pode o bancário trabalhar no período noturno?

No máximo seis horas corridas, não podendo trabalhar além desse limite.

96. O que é o sobreaviso?

Considera-se de sobreaviso o empregado efetivo que permanecer em sua própria casa, aguardando a qualquer momento o chamado para o serviço. Cada escala de sobreaviso será, no máximo, de 24 horas. As horas de sobreaviso, para todos os efeitos, serão contadas à razão de 1/3 do salário normal.

97. Se o empregado for obrigado a portar telefone celular fora de seu horário de trabalho terá direito às horas de sobreaviso?

Não. O que define o direito do trabalhador não é o uso do aparelho celular, e sim a sua obrigação de estar à disposição do empregador no período de plantão. Para ter direito ao pagamento de horas de sobreaviso, o trabalhador precisa demonstrar que permanece em sua residência, sem se ausentar, aguardando, a qualquer momento, a convocação para o serviço.

98. Há diferença entre o trabalho realizado no estabelecimento do empregador, o executado no domicílio do empregado e o realizado à distância?

Não, desde que estejam caracterizados os pressupostos da relação de emprego.

Diz a Lei que os meios telemáticos e informatizados de comando, controle e supervisão se equiparam, para fins de subordinação jurídica, aos meios pessoais e diretos de comando, controle e supervisão do trabalho alheio.

V. Repouso Semanal

99. O que é o repouso semanal?

É o direito que possui o empregado, que trabalhou seis dias na semana, de receber a remuneração relativa ao domingo ou ao feriado que tem para descansar.

100. Todos os empregados têm direito ao repouso semanal?

Sim, todos os empregados, inclusive os domésticos.

101. E os funcionários públicos?

Também têm direito ao repouso. Há servidores públicos, funcionários ou empregados. Os funcionários têm um regime especial de trabalho, sendo regidos pelo Regime Jurídico Único. Os empregados estão sob o regime de a Consolidação das Leis do Trabalho. Tanto a legislação trabalhista quanto a estatutária asseguram o descanso remunerado nos domingos e feriados.

102. Qual a condição para o empregado receber o repouso semanal?

É condição essencial que tenha trabalhado durante toda a semana anterior, cumprindo seu horário de trabalho. Tornam-se necessárias, assim, a assiduidade e a pontualidade do empregado.

103. E se justificar a falta ou o atraso?

Se a falta for justificada por motivos que a lei prevê, como nos casos de casamento, nascimento de filho, falecimento de parente, doação voluntária de sangue, alistamento militar ou eleitoral, acidente de trabalho, doença comprovada, não prejudicará o direito ao repouso; se vier a ser abonada pelo empregador também não o prejudicará, no caso de atraso.

104. Qual a remuneração correspondente ao repouso semanal?

A remuneração do repouso equivale à remuneração de um dia de serviço, não computadas as horas extras, salvo se forem habitualmente prestadas, conforme a Súmula n. 172 do TST, quando então a sobrejornada é computada para o cálculo do RSR.

105. E os que trabalham por hora?

Recebem o equivalente à sua jornada de trabalho, excluídas as horas extras.

106. E quando o empregado trabalha por tarefa ou peça?

Deverá receber o equivalente ao salário correspondente às tarefas ou peças daquela semana, no seu horário de trabalho, dividido pelos dias de serviços trabalhados na semana.

107. E quanto aos empregados que trabalham recebendo por produção, fora da sede da empresa?

Devem receber o valor de sua produção na semana dividido por seis.

108. Os empregados que recebem por quinzena ou mês, cujo cálculo do salário é feito na base de quinze ou trinta dias, como recebem o repouso?

Estes já têm o repouso semanal incluído na remuneração. No caso do mensalista que habitualmente presta horas extras, quando do pagamento mensal do salário deve vir, destacado, o pagamento do repouso semanal remunerado apenas em relação às horas extras.

109. E nos dias de feriados civis ou religiosos é devido também o repouso?

Nesses dias, também é devida ao empregado a remuneração relativa ao repouso.

110. E se o trabalho for daqueles que não seja possível parar, mesmo nos feriados?

Nesse caso, a remuneração do empregado deverá ser paga em dobro, a não ser que o empregador o compense com outro dia de folga.

VI. Das Férias

111. O que são férias?

Já vimos que o empregado deve descansar diariamente e semanalmente, devendo também fazê-lo anualmente. Férias é o direito e a obrigação de não trabalhar, pelo menos, vinte dias corridos, recebendo como se estivesse trabalhando, do empregado que trabalhou durante um ano.

112. O período de férias é um direito do empregado?

Não é só um direito, mas também um dever. O empregado pode descansar com a família, viajando ou não, mas está obrigado a não trabalhar no referido período, pois é comprovado que quem trabalha o ano inteiro, sem uma interrupção prolongada, não rende como poderia, além de ficar sujeito a doenças.

113. Quando as férias devem ser concedidas?

Sempre após um ano de trabalho.

114. As férias são sempre devidas ao empregado, integralmente?

Não. Só terá direiro a trinta dias corridos o empregado que, durante o ano, não tiver tido mais de cinco faltas ao serviço.

115. E quando tiver mais de seis faltas durante o ano?

Se o empregado tiver de seis a quatorze faltas durante o ano, terá direito a vinte e quatro dias corridos de férias durante o ano.

116. E se ele faltar mais de quatorze vezes até vinte e três durante o ano?

Suas férias serão de dezoito dias.

117. E faltando de vinte e quatro até trinta e dois dias durante o ano?

As férias serão reduzidas para doze dias corridos.

118. Terá férias o empregado que faltar mais de trinta e dois dias no ano?

Não. Perderá o direito às férias.

119. Qualquer falta do empregado será considerada para efeito de perda de gozo de férias?

Não. O empregado pode faltar ao serviço, até três dias, em virtude de casamento; um dia, por ano, por doação voluntária de sangue; dois dias consecutivos para se alistar como eleitor; podendo ainda faltar para cumprir com a exigência do serviço militar; nos casos de licenciamento da empregada por motivo de maternidade ou aborto, de acidente do trabalho ou auxílio-doença; nos casos de faltas justificadas pela própria empresa, assim como quando estiver suspenso para responder a processo se for posteriormente absolvido e nos casos de licença-paternidade.

Todas as faltas justificadas pela lei são consideradas ausências legais e não podem ser descontadas para o cálculo do período de férias.

120. O empregador pode descontar das férias as faltas ao serviço do empregado?

Não. A lei proíbe este desconto, mas poderá o empregado ter as férias reduzidas.

121. O período de férias é computado como tempo de serviço?

Sim. O tempo em que o empregado goza as férias é computado para todos os efeitos do contrato, como se estivesse trabalhando.

122. Além de perder as férias por faltas não justificadas, legalmente poderá o empregado perder o direito a férias por outras razões?

Poderá quando deixar o emprego e não for readmitido dentro de sessenta dias após sua saída; se estiver em licença, recebendo salário, por mais de trinta dias; quando deixar de trabalhar, por mais de trinta dias, por estar a empresa com os serviços paralisados, embora lhe pague salário, ou se tiver percebido da Previdência Social prestações de acidente de trabalho ou de auxílio-doença, por mais de seis meses.

123. Como são concedidas as férias?

Em um só período, a não ser em casos excepcionais, quando este período poderá ser dividido em dois, um dos quais não poderá ser inferior a dez dias. Deve-se ressaltar que, aos menores de 18 anos e maiores de 50 anos de idade, as férias devem sempre ser concedidas de uma só vez.

124. Quem escolhe a época das férias?

É o empregador que escolhe, conforme os interesses da empresa.

125. E se o empregado trabalhar junto com familiares?

Os membros da família têm direito a gozar férias no mesmo período, desde que não haja prejuízo para os serviços.

126. E o menor de dezoito anos, estudante, que entra de férias na escola?

Terá direito a gozar as férias no mesmo período das férias escolares. Deverá comunicar ao empregador, portanto, sua condição de estudante e seu propósito de fazer coincidir o período de descanso.

127. Como o empregado fica sabendo da época da concessão de suas férias?

O empregador está obrigado a comunicar ao empregado, por escrito, com antecedência de dez dias, a concessão das férias.

128. As férias devem ser anotadas na Carteira de Trabalho?

Sim. O empregado não poderá entrar em gozo de férias sem que apresente ao empregador a Carteira de Trabalho para a devida anotação.

129. O período de concessão das férias é sempre após doze meses de serviço?

Sim. As férias devem ser concedidas após doze meses subsequentes à data em que o empregado tiver adquirido o direito.

130. E se o empregador não as conceder dentro desse prazo?

Deverá pagar ao empregado, em dobro, a remuneração correspondente às férias.

131. Então o empregado não gozará as férias?

Sim. Além de receber em dobro, o empregado poderá ajuizar uma reclamação trabalhista pedindo a fixação, por sentença judicial, da época de seu gozo.

132. E se o empregador não cumprir a decisão?

Ficará obrigado a pagar uma pena diária de cinco por cento do salário mínimo ao empregado, até que seja cumprida.

133. As férias podem ser vendidas?

O empregado poderá vender 1/3 do período de férias a que tiver direito, no valor da remuneração que lhe seria devida nos dias correspondentes.

134. Os empregados de uma mesma empresa ou de determinados estabelecimentos ou setores da empresa podem gozar férias coletivamente?

Sim. A lei regulamenta as férias coletivas.

135. Como são regulamentadas?

As férias coletivas poderão ser gozadas em até dois períodos, nenhum deles inferior a dez dias corridos; para tanto, o empregador deverá, com antecedência mínima de quinze dias, comunicar a programação de férias ao Ministério do Trabalho, aos sindicatos representativos da categoria e aos empregados, por meio de quadros de avisos, especificando as datas de início e término das mesmas e quais os setores ou estabelecimentos afetados.

136. E se o empregado estiver na empresa a menos de doze meses?

Gozará, na oportunidade, de férias coletivas proporcionais ao tempo de serviço, passando, após esse período, a iniciar seu período aquisitivo novamente.

137. Qual a remuneração do empregado durante o período das férias?

Será a mesma que lhe for devida quando de sua concessão, acrescida de mais um terço.

138. E quando o salário for pago, por hora, com jornadas variáveis?

Deverá ser apurada a média horária do período aquisitivo, aplicando-se o valor do salário-hora na data da concessão das férias, acrescido de mais um terço.

139. E nos casos de salário por tarefa?

Deverá ser tomada por base a média da produção no período aquisitivo, aplicando-se o valor da remuneração da tarefa na data da concessão das férias, acrescida de um terço.

140. Como serão pagas as férias no caso em que o salário for recebido por porcentagem, comissão ou viagem?

Apurar-se-à a média percebida pelo empregado nos doze meses que precederem a concessão das férias e a esta será acrescido um terço de seu valor.

141. A parte do salário paga em utilidade será computada para efeito da remuneração das férias?

Sim. Deverá ser computada conforme anotação na Carteira de Trabalho do empregado.

142. E os adicionais serão computados no salário que servir de base ao cálculo da remuneração de férias?

Sim. A não ser que, no momento das férias, o empregado não esteja recebendo mais o respectivo adicional ou o valor deste não tenha sido uniforme, quando então será computada a média duodecimal recebida no período aquisitivo, para fins de pagamento.

143. O que é abono de férias?

Ao empregado é facultado converter um terço do período de férias a que tiver direito em abono pecuniário no valor da remuneração que lhe seria devida no período correspondente.

144. Quando deve ser requerido este abono?

Até 15 dias antes do término do período aquisitivo, a fim de que o empregador possa estar preparado para o pagamento na época das férias.

145. E no caso das férias coletivas?

Neste caso, a conversão deverá ser objeto de acordo coletivo entre o empregador e o Sindicato representativo da respectiva categoria profissional, não dependendo somente da vontade do empregado.

146. O abono de férias integra o salário?

Não. A lei é expressa no sentido de que tal abono não integrará a remuneração para efeitos da legislação do trabalho e da previdência social.

147. Quando cessa o contrato, tem direito o empregado à remuneração concernente às férias?

Sim. Qualquer que seja a causa de cessação do contrato será devida ao empregado a remuneração simples ou em dobro, referente ao período de férias que haja adquirido.

148. E na cessação de contrato do empregado com mais de um ano, terá ele direito a férias proporcionais?

Sim. Desde que não tenha sido demitido por justa causa. Entende-se como férias proporcionais uma espécie de indenização correspondente à expectativa de um direito que só não foi adquirido (após 12 meses, como vimos) por culpa do empregador e a ser paga segundo a assiduidade do empregado no período incompleto.

149. E nos contratos por prazo determinado ou que cessarem com menos de um ano?

Nesses, o empregado terá direito às férias proporcionais no término do contrato ou se for despedido sem justa causa, apesar de não ter ainda completado o período aquisitivo.

150. A remuneração das férias devidas, após a cessação do contrato, tem natureza salarial?

Sim. Pode o empregado, inclusive, habilitar-se na falência com seu direito, como crédito privilegiado.

151. Como se conta a prescrição das férias?

A prescrição de reclamar a concessão de férias ou pagamento de remuneração respectiva é contada do término do prazo do período de fruição, ou, se for o caso, da cessação do contrato de trabalho.

VII. Segurança e Medicina do Trabalho

152. O que é segurança e medicina do trabalho?

Há empregados que para elevar a remuneração executam o trabalho de qualquer forma, arriscando a própria vida; há empregadores que, para receberem mais, desprezam a vida e a saúde daqueles que trabalham, bem como a higiene dos locais e condições do trabalho; existem empregos que, por suas peculiaridades, apresentam riscos constantes. Dessa forma, o governo estabelece regras para serem cumpridas tanto pelos empregados como pelos empregadores, defendendo o real e permanente interesse de todos.

Tendo em mente que a preocupação do legislador, na hipótese das condições de trabalho, é sempre preventiva para evitar riscos à saúde do empregado — seja através de fiscalização nas empresas, seja através da determinação do uso de equipamentos de segurança —, o constituinte, visando tornar mais efetiva essa preocupação, criou, no inciso XXVII, do art. 7º, da Constituição Federal, um seguro contra acidentes de trabalho, a cargo do empregador.

153. O que é insalubridade?

São consideradas atividades ou operações insalubres aquelas que, por sua natureza, condições ou métodos de trabalho, expõem os empregados a agentes nocivos à saúde, acima dos limites de tolerância fixados em razão da natureza e da intensidade do agente e do tempo de exposição aos seus efeitos.

A lei prevê que o empregado que trabalhar em tais circunstâncias deverá ganhar um pouco mais do que se trabalhasse em ambiente normal. Este acréscimo é equivalente a dez, vinte ou quarenta por cento do salário mínimo, conforme o maior ou menor grau de insalubridade reconhecido.

154. Como saber quais as atividades e operações insalubres?

Ao Ministério do Trabalho compete aprovar um quadro das atividades e operações insalubres, estabelecendo regras, limites de tolerância aos agentes agressivos, meios de proteção e tempo máximo de exposição do empregado a esses agentes.

155. O governo manda pagar mais para compensar a doença do empregado?

Não. O empregador tem que pagar mais exatamente para, através da punição, eliminar o fator que produz a doença. Há trabalhos, entretanto, nos quais essa causa não pode ser eliminada, como nas minas, debaixo da terra. Nesses casos, o empregado, além de ganhar mais, deverá trabalhar menos, encurtando sua jornada e o tempo para a aposentadoria.

156. Como pode ocorrer a eliminação da insalubridade?

Mediante medidas que conservem o ambiente de trabalho em condições toleráveis, ou com a utilização de equipamentos de proteção individual que neutralizem ou diminuam a intensidade da causa que gera a insalubridade.

157. O fornecimento do aparelho de proteção pelo empregador o exime do pagamento do adicional de insalubridade?

Não. O simples fornecimento do aparelho de proteção pelo empregador não o exime do pagamento do adicional de insalubridade. Cabe-lhe tomar as medidas que conduzam à diminuição ou eliminação da nocividade, entre as quais as relativas ao uso efetivo do equipamento pelo empregado.

158. O que é periculosidade?

São consideradas atividades ou operações perigosas aquelas que, por sua natureza ou método de trabalho, impliquem o contato permanente com inflamáveis ou explosivos em condições de risco acentuado. Nesses casos, o empregado ganha mais do que se executasse um trabalho normal. O percentual é igual a trinta por cento sobre o salário do empregado.

159. Os empregados que operam em bomba de gasolina têm direito ao adicional de periculosidade?

Sim, de acordo com a Súmula n. 39 do TST.

160. O que é salário básico?

Salário básico é o ajustado no contrato de trabalho, sem os acréscimos resultantes de adicionais, gratificações, prêmios ou participações nos lucros da empresa.

161. É devido o adicional de periculosidade quando o contato dá-se de forma eventual?

Não. Faz jus ao adicional de periculosidade o empregado exposto permanentemente ou que, de forma intermitente, sujeita-se a condições de risco. É indevido quando o contato que se dá de forma eventual, ou, sendo habitual, se dá por tempo extremamente reduzido.

162. O ambiente pode ser insalubre e perigoso ao mesmo tempo?

Sim. Há locais que são insalubres e perigosos, cabendo ao empregado optar pelo adicional que lhe convier.

Exemplificando: se o empregado trabalhar em ambiente cuja insalubridade está classificada em grau máximo e seu salário básico for de um salário mínimo, ele poderá optar por receber o adicional de insalubridade em vez de periculosidade porque o primeiro, sendo 40% sobre o salário mínimo, será maior de que o adicional de periculosidade (30%).

163. Quer dizer que quando há insalubridade e periculosidade o trabalhador não acumula os adicionais?

Não. A lei determina a opção por um ou outro adicional.

164. Os referidos adicionais passam a integrar o salário do empregado não podendo mais ser retirados?

Não. O direito dos empregados aos adicionais cessa quando for eliminado o risco à sua saúde ou integridade física.

165. A partir de quando serão devidos os adicionais correspondentes?

As importâncias correspondentes serão devidas a contar da data da inclusão da respectiva atividade nos quadros aprovados pelo Ministério do Trabalho, respeitado o prazo prescricional.

Apesar de a lei exigir a inclusão da atividade nos quadros aprovados pelo Ministério do Trabalho, o empregado pode ingressar na Justiça do Trabalho pedindo o pagamento do adicional de insalubridade ou periculosidade, dependendo do caso, mesmo que sua atividade não conste do referido quadro, cabendo a ele a prova da existência de condições insalubres ou perigosas. A prova da insalubridade ou periculosidade é procedida pela perícia judicial, sem a qual os adicionais requeridos não podem ser deferidos.

166. A mulher pode trabalhar em ambientes insalubres ou perigosos?

A mulher, em razão da maternidade, deve ser mais protegida. O ambiente insalubre pode conspirar contra a maternidade provocando anomalias na criança. Além disso, o organismo feminino, no período da gestação, fica mais sensível a algumas doenças profissionais. A Constituição Federal, porém, não admite distinções no exercício de função em razão do sexo.

167. Como se faz, atualmente, a prevenção de acidentes?

As empresas devem manter, obrigatoriamente, um serviço especializado em segurança e higiene do trabalho constituindo Comissões Internas de Prevenção de Acidentes (CIPAs).

São compostas de representantes de empregadores e empregados, funcionando de acordo com as normas fixadas pelo Ministério do Trabalho.

168. Como são eleitos os representantes dos empregadores?

Os titulares e suplentes são indicados pelo empregador.

169. E dos empregados?

São eleitos em escrutínio secreto, do qual participam independentemente de filiação sindical, exclusivamente os empregados interessados.

170. Qual o prazo do mandato dos representantes da CIPA?

É de um ano, podendo haver uma reeleição.

171. Como será indicado o Presidente da Comissão?

O Presidente será designado, anualmente, dentre seus representantes, pelo empregador, cabendo aos empregados elegerem o Vice-presidente.

172. Os representantes dos empregados, na CIPA, podem ser despedidos sem justa causa?

Não. A lei proíbe sua despedida arbitrária.

173. O que é despedida arbitrária?

É a despedida que não se baseia em motivo disciplinar, técnico, econômico ou financeiro.

174. E se o empregador despedir o empregado sem fundamentar a despedida nesses motivos citados?

Poderá o empregado ser reintegrado através de decisão judicial.

175. Quando o empregado deve usar o equipamento de proteção individual?

Nos casos em que as medidas de ordem geral não oferecerem completa proteção contra os riscos de acidentes e danos à saúde.

176. Os empregados estão obrigados a prestar exames médicos?

Sim. O empregado é obrigado a se submeter a exame médico, por conta do empregador, na admissão, demissão e periodicamente.

O Ministério do Trabalho estabelecerá, de acordo com o risco da atividade e o tempo de exposição, a periodicidade dos exames médicos.

177. Quem paga o exame médico?

O exame médico é feito por conta do empregador.

178. Qualquer estabelecimento pode iniciar suas atividades sem aprovação de autoridade competente, em matéria de segurança e medicina do trabalho?

Não. Deve haver inspeção prévia, com aprovação da autoridade regional, de todas as instalações.

179. E se ficar demonstrado pelo serviço competente que existe grave risco para o trabalhador no estabelecimento, lugar, equipamento ou obra?

Poderá a entidade administrativa interditar o local, determinando as providências necessárias para a prevenção dos acidentes.

180. Nesses casos, os empregados não receberão salários durante os dias de interdição ou embargos?

A lei assegura aos empregados a percepção dos salários como se estivessem em efetivo serviço.

181. Existem técnicas que garantem uma melhor segurança na construção?

Sim. São estabelecidas regras sobre a metragem dos locais de trabalho, sobre os pisos, passagens, escadas, rampas de acesso, corredores, coberturas e demais estruturas.

182. E sobre a iluminação?

A iluminação deverá ser sempre adequada, no sentido de não trazer prejuízo a visão do trabalhador.

183. E quanto à ventilação?

A ventilação deve ser natural. A ventilação artificial será obrigatória sempre que a natural não preencha as condições de conforto térmico.

184. Existem outras normas de proteção ao trabalho?

Sim. O trabalho é protegido ainda com relação às instalações elétricas, à movimentação, armazenagem e manuseio de material, máquinas, caldeiras, fornos e demais atividades cujas características especiais exijam proteção peculiar.

185. E nos trabalhos a céu aberto?

Nesses, o empregado deverá ser protegido contra a insolação, o calor, o frio, a umidade ou o vento. Da mesma forma, existem proteções legais para o trabalho em escavações, túneis, galerias, pedreiras, trabalho sob ar comprimido e sob radiações ionizantes.

186. Pode o empregado ser obrigado a trabalhar removendo material pesado?

O máximo de peso permitido pela lei é até sessenta quilogramas, a não ser que o material seja removido através de impulsão ou tração de vagões sobre trilhos, carros de mão ou outros aparelhos mecânicos.

187. E a mulher pode remover material pesado?

Ao empregador é proibido empregar a mulher em serviço que demande o emprego de força muscular superior a vinte quilos para o trabalho contínuo ou vinte e cinco quilos para o trabalho ocasional.

188. Quando a execução da tarefa exige que o empregado trabalhe sentado, está o empregador obrigado a dar-lhe condições de proteção?

Sim. O empregador, nesses casos, está obrigado a colocar assentos que assegurem a postura correta.

189. E quanto à higiene pessoal?

Todo estabelecimento é obrigado a ter instalações de aparelhos sanitários, na proporção de seus empregados, com discriminação de sexo; refeitórios ou condições de conforto por ocasião das refeições, fornecimento de água potável e demais medidas que conservem o bem-estar e a higiene dos trabalhadores.

190. E quando o empregador não cumprir com as normas relativas à medicina e segurança do trabalho?

As infrações relativas à medicina do trabalho serão punidas com multa atualizada de acordo com a política salarial em vigor, decorrente dos parâmetros do art. 201 da CLT.

VIII. Da Proteção à Maternidade

191. A gravidez é considerada justo motivo para rescisão do contrato de trabalho?

Não. O fato da mulher encontrar-se em estado de gravidez ou haver contraído matrimônio não constitui justo motivo para a rescisão do contrato de trabalho.

192. E se tiver previsão no regulamento da empresa?

Não serão permitidas em regulamentos de qualquer natureza — convenções coletivas ou individuais de trabalho —, restrições ao direito da mulher ao seu emprego por motivo de casamento ou de gravidez.

193. A empregada gestante tem direito a licença--maternidade de quantos dias?

Pela Constituição Federal, a empregada gestante tem direito a licença-maternidade de 120 dias, sem prejuízo do emprego e do salário.

No ano de 2008, foi criado o Programa Empresa Cidadã, destinado à prorrogação da licença-maternidade de 120 para 180 dias. Entretanto, para que a empregada tenha direito aos 180 dias, o empregador terá que ter aderido ao programa.

194. E o pai tem direito à licença-paternidade?

Sim, de cinco dias.

195. A empregada gestante pode sair no horário de trabalho para realização de consultas médicas sem prejuízo do salário?

Sim, é garantida à empregada, durante a gravidez, sem prejuízo do salário, dispensa do horário de trabalho pelo tempo necessário para realização de, no mínimo, seis consultas médicas e demais exames complementares.

196. A empregada que adotar uma criança terá direito à licença-maternidade?

Sim. A mãe adotiva tem o mesmo direito à licença-maternidade e ao salário-maternidade como a mulher gestante.

197. O que é o salário-maternidade?

Salário-maternidade é o benefício a que tem direito a empregada, por ocasião do parto, da adoção ou da guarda judicial para fins de adoção.

198. Quando é devido o salário-maternidade?

A partir do 8º mês de gestação, comprovado pelo atestado médico; ou a partir da data do parto, com apresentação da Certidão de Nascimento; ou a partir da data do deferimento da medida liminar nos autos de adoção ou da data da lavratura da Certidão de Nascimento do adotado.

199. Qual o valor do salário-maternidade?

Valor mensal igual à sua remuneração integral, no mês de seu afastamento ou em caso de salário variável, igual à média dos 6 (seis) últimos meses de trabalho, apurada conforme a lei salarial ou dissídio da categoria.

200. Em caso de aborto, a mulher tem direito à licença-maternidade?

Neste caso, a mulher terá direito a um repouso remunerado de duas semanas, ficando-lhe assegurado o direito de retornar à função que ocupava antes de seu afastamento, desde que o aborto não seja criminoso e comprovado por atestado médico oficial.

201. Durante a jornada de trabalho, a mulher tem direito a descanso para amamentação?

Sim. Para amamentar o próprio filho, até que este complete seis meses de idade, a mulher terá direito, durante a jornada de trabalho, a dois descansos especiais de meia hora cada um.

IX. Contrato Individual de Trabalho

202. O que é contrato de trabalho?

Já sabemos quem é o empregador e quem é o empregado. Quando os dois fazem um acordo, seja escrito ou verbal, no sentido de um trabalhar para o outro, temos um contrato de trabalho.

203. Esse contrato tem prazo de duração?

Quase sempre dura o tempo que as partes quiserem, podendo também ser por prazo certo.

204. Quando é por prazo certo?

Quando o serviço é para fazer algo que termine logo, quando a atividade empresarial tiver caráter transitório ou, ainda, quando depender a contratação de um conhecimento inicial das habilidades do empregado (prazo de experiência).

205. E qual o prazo máximo destes contratos determinados?

O de experiência não pode ser por mais de noventa dias, sendo que os outros podem ser fixados até por dois anos.

206. Pode o contrato por prazo determinado ser prorrogado?

Pode, mas só uma vez.

207. Quer dizer que pode haver um contrato por prazo de dois anos prorrogável por mais de uma vez?

Não. O contrato por prazo determinado só pode ser prorrogado uma vez, sendo que a soma dos períodos dos contratos não pode ser superior a dois anos. Ou seja, há dois limites para o contrato determinado. O limite temporal, de dois anos, e o limite do número de prorrogações, que é de uma única prorrogação. Por exemplo, pode-se firmar um contrato por seis meses e prorrogá-lo uma vez por mais 18 meses, porque aí se tem dois contratos no total de vinte e quatro meses, mas não se pode fazer um segundo contrato por mais vinte meses, porque a soma dos dois seria igual a vinte e seis meses, e ultrapassaria o limite de dois anos.

Também não se pode assinar um contrato por seis meses, prorrogá-lo uma vez pelo prazo de três meses e, como não ultrapassado o limite de dois anos, prorrogá-lo mais uma vez, porque, neste caso, estar-se-ia desobedecendo a regra do limite no número de prorrogações, que são apenas duas.

208. E se houver mais de uma prorrogação?

Ficará entendido, por força de lei, que o prazo do contrato passou a ser indeterminado.

209. Podem ser feitos vários contratos por prazo determinado em intervalos pequenos?

Não. Pouco importa a duração do contrato por prazo determinado: só pode haver uma prorrogação. A lei, para evitar a fraude, considera como prazo indeterminado todo contrato que suceder, dentro de seis meses, a outro contrato por prazo determinado — a não ser que o primeiro tenha terminado em razão de execução de serviços especializados ou por motivo de realização de acontecimentos previstos.

210. No contrato de trabalho, as partes podem fixar quaisquer cláusulas?

As partes são livres para fixar sua vontade, desde que respeitados os direitos legais que visam a proteger os trabalhadores na relação de emprego.

211. A mudança na propriedade ou na estrutura jurídica da empresa modifica o contrato do empregado?

Não. O contrato de trabalho, com relação à pessoa do empregador, é impessoal, isto é, o empregado, desde que não seja prejudicado, não pode modificar ou justificar a rescisão de seu contrato em razão de alteração na pessoa do empregador.

212. Então, o empregador pode ser substituído. E o empregado?

O empregado não pode ser substituído, pois uma das características do contrato é a pessoalidade com relação ao trabalhador.

213. Se a empresa falir, entrar em recuperação judicial dissolver-se, perdem os empregados os seus direitos?

Não. Os direitos dos empregados subsistem em caso de falência, recuperação judicial ou dissolução da empresa, sendo que o total de seus salários e indenização constituirão crédito privilegiado.

214. O que é falência?

Falência é a execução judicial coletiva de todos os bens do devedor comerciante que não quita suas obrigações para pagamento total dos credores, observadas as preferências legais.

215. O que é recuperação judicial?

É um pedido judicial que o comerciante insolvente faz para compor sua dívida com os credores por meio de um acordo apresentado na forma da lei, consequentemente evitando a falência, ou surpreendendo-a, se já declarada. A recuperação judicial pressupõe a continuidade da atividade do empregador que só se interromperá se a empresa não honrar os compromissos assumidos perante o juiz.

216. Como o empregado prova o contrato de trabalho?

Mediante a Carteira de Trabalho e Previdência Social, alguns outros documentos ou mesmo pelo depoimento de pessoas que conheçam sua situação funcional afirmando que ele trabalha para o empregador.

217. E se o empregado houver sido contratado por uma empresa para trabalhar em outra, quem será, na verdade, seu patrão?

Isso é o que se chama de terceirização de serviços. A terceirização pode ser dar de duas formas: o trabalhador é contratado por uma empresa para trabalhar dentro de outra, como é o caso dos serviços de limpeza, em que um faxineiro é contratado pela empresa A para trabalhar no espaço da empresa B ou o trabalhador é contratado pela empresa A em favor da empresa B, como, por exemplo, uma empresa especializada em *call center*.

Nesses casos o TST, por meio da Súmula n. 331, já consolidou o entendimento de que a regra da ilegalidade da contratação de trabalhadores por empresa interposta é ilegal, o que forma vínculo diretamente com o tomador de serviços. Mas há exceções, como no caso do trabalho temporário, da Administração Pública Direta, Indireta ou Fundacional, dos serviços de vigilância, de conservação e limpeza, bem como de serviços especializados não ligados à atividade essencial do tomador de serviços, desde que não haja pessoalidade e subordinação direta, assim como nas empresas de telecomunicações e energia elétrica.

Assim, se o trabalhador é contratado pela empresa A para fazer limpeza apenas na empresa B por um período razoável, recebendo ordens diretas não da empresa A, mas da própria empresa B, esta é a verdadeira empregadora.

Objetivando assegurar os benefícios dos trabalhadores — vez que algumas dessas empresas prestadoras de serviços, que intermedeiam mão de obra, nem sempre observam o direito de seus empregados, extinguindo-se do dia para noite e deixando na mão a totalidade de seus trabalhadores —, o TST entendeu que há responsabilidade subsidiária da empresa tomadora de serviço que contratou a empresa inadimplente em relação aos empregados que a ela prestam serviços, desde que estes, quando reclamarem seus direitos na Justiça, ajuízem a reclamação contra as duas empresas: a que os contratou e aquela para qual trabalhavam.

218. Qual a principal obrigação do empregador?

A principal obrigação do empregador é pagar pelo trabalho do empregado; esse pagamento chama-se salário.

X. Salário e Remuneração

219. O que é salário?

É o que o empregado recebe do empregador em dinheiro, pago em quantia fixa ou variável, por mês, quinzena, semana, dia ou hora ou indiretamente pela habitação, alimentação, vestuário e outras prestações a ele fornecidas.

220. Salário é um pagamento pelo serviço prestado?

O salário é contraprestação do serviço feito pelo empregado. Mas como vimos não é só isso, pois às vezes o empregado não trabalha, como nas férias e no repouso semanal, mas ganha salário. Melhor seria dizer que salário é o pagamento feito ao empregado em consequência de um acordo de vontades, um contrato pelo qual ele fica à disposição do empregador para executar as tarefas de sua especialidade.

221. Remuneração é o mesmo que salário?

Não. Salário é tudo o que o empregado recebe do empregador. Se receber, além do salário, mais alguma importância de outra pessoa, o total terá o nome de remuneração. Assim, a remuneração é o que o empregado ganha do empregador e mais o que recebe de terceiros por força do mesmo trabalho. Na forma da nossa lei, remuneração é salário mais as gorjetas.

222. O que é gorjeta?

Gorjeta é o adicional pago pelo cliente ao empregado, por liberalidade, em virtude dos serviços prestados. Mediante acordo coletivo, a gorjeta poderá ser incluída na nota de despesa arrecadada pelo empregador para posterior rateio com os demais empregados.

223. As comissões, porcentagens, gratificações ajustadas e abonos pagos pelo empregador integram o salário?

Sim. O salário é composto não só pela importância fixa combinada, como também pelas parcelas acima discriminadas.

224. E as diárias para viagens?

As diárias para viagens, se não excederem em cinquenta por cento do salário do empregado, não o integram. Caso excedam, passam a integrá-lo, pois muitos empregadores, para fraudar a lei, pagam mais do que a metade dos salários como verba para despesas de viagem.

225. E a ajuda de custo integra o salário?

Não. A ajuda de custo não integra o salário. Porém, é preciso ficar bem caracterizada a natureza do pagamento para evitar distorções na Justiça ou fraude na empresa.

226. O que são prestações *in natura*?

São pagamentos feitos ao empregado por meio do fornecimento de vantagens que substituam o pagamento em dinheiro. Exemplo de tais vantagens: roupas, habitação, alimentação, etc.

227. No caso, então, pode o empregador pagar o salário total do empregado somente em roupas ou em alimentação?

Não. Os valores atribuídos às prestações *in natura* não podem exceder, em cada caso, aos dos percentuais das parcelas componentes do salário mínimo, sendo que trinta por cento do salário deverá sempre ser pago em dinheiro.

228. O pagamento *in natura* pode ser feito com bebidas alcoólicas?

Não. A lei proíbe, expressamente, o pagamento com bebidas alcoólicas ou drogas nocivas.

229. E as roupas e outros acessórios que o empregador concede para que sejam utilizados no trabalho podem ser considerados salário *in natura*?

Neste caso não, pois trata-se de exigência do próprio serviço.

230. Um empregado que faz o mesmo serviço que outro deve ganhar o mesmo salário?

Sim. Se os dois trabalharem no mesmo lugar, para o mesmo empregador, com diferença de tempo de serviço menor que dois anos, sendo o trabalho de igual valor, deverão receber o mesmo salário.

231. Por quê?

Este é o princípio da equiparação salarial e é muito fácil de compreender. Se eu trabalho da mesma forma que meu companheiro, por que devo ganhar mais que ele? Só se estiver há mais de dois anos trabalhando na empresa, porque daí ganharei também pela antiguidade.

232. Sempre cabe o pedido de equiparação salarial?

Não. O empregador pode organizar um quadro de pessoal e os empregados terão direito à promoção por antiguidade e merecimento, não cabendo o pedido de equiparação salarial.

233. O que é quadro de pessoal?

É o lugar em que está marcada a hierarquia de funções e de salários, ou seja, a estruturação burocrática da empresa. É, pois, uma organização em forma de escada. O empregado começa a trabalhar em determinado degrau e vai subindo e ganhando mais, quanto mais tempo trabalhar ou quanto melhor for seu trabalho. Nesse caso, não haverá comparação para equiparar um empregado ao outro, pois a ascensão é definida por merecimento e por antiguidade segundo critérios prefixados e de conhecimento do empregado. O quadro, para ter validade, deve ser aprovado pelo Ministério do Trabalho.

234. O salário pode ser pago em moeda estrangeira?

Não. Obrigatoriamente deve ser pago em moeda nacional.

235. Pode o salário ser pago em promessa ou em papel para que o empregado o receba depois?

Não. O salário deve ser pago em dinheiro ou em cheque.

236. Se o empregado quebrar algum objeto da empresa tem de pagar ao empregador?

Se eles assim tiverem combinado no contrato, deverá o empregado pagar. Senão, só se for proposital a quebra.

237. Se o empregado, no curso do trabalho, recebe cheques em pagamento dos clientes e estes cheques forem devolvidos por falta de fundos ou por qualquer outra irregularidade não forem pagos pelo Banco, o empregador pode descontar do empregado estes valores?

Sim, se houver expressa previsão contratual nesse sentido. Isto é, se junto com o contrato o empregado tiver sido avisado e dado ciência, pela sua assinatura, dos procedimentos a serem observados quando do recebimento do pagamento em cheque ou se tal desconto for autorizado por norma ou convenção coletiva, na qual conste que é obrigação do empregado tomar determinadas precauções para o recebimento do cheque. Se, entretanto, o cheque for devolvido por razão diferente daquelas que o empregado é obrigado a observar, aí então ele não poderá sofrer desconto, porque não teria agido com negligência no cumprimento de seu contrato de trabalho.

238. O salário pode sofrer descontos?

Sim. Além dos descontos legais previstos no art. 462 da CLT, o empregador que tiver autorização prévia e expressa do empregado neste sentido pode descontar de seu salário valores relativos à integração em planos de assistência odontológica, médico-hospitalar, de seguro, de previdência privada ou de entidade cooperativa, cultural ou recreativa associativa, salvo se ficar comprovado que o empregado foi obrigado a assinar a autorização, ou seja, que ela não consistiu na expressão de sua vontade e, que ele foi coagido pelo empregador, conforme Súmula n. 342 do TST.

239. O salário pode ser pago fora do local de trabalho?

Em princípio não. Admite-se, porém, o pagamento mediante depósito em contas bancárias individualizadas, desde que o local da agência bancária seja próximo ao local de trabalho e, assim, seja fácil acesso ao empregado.

240. O empregado pode gastar seu dinheiro em vales no armazém do empregador?

Não, isso é proibido. O empregado tem que receber parte de seu salário em dinheiro, gastando como lhe convier.

241. O salário pode ser pago de dois em dois meses?

Não. O salário não pode ser fixado por período superior a um mês, a não ser nos casos de comissões, porcentagens e gratificações.

242. As gratificações integram o salário?

Como as gratificações, em princípio, são pagas por liberalidade do empregador, serão devidas na época que ele fixar e não integram o salário. No caso de gratificações ajustadas, deverão ser pagas nas ocasiões combinadas como, por exemplo, a cada semestre, no fim do ano, em época de balanço, daí sim integrando o salário.

243. Pode o empregador retirar a gratificação a qualquer momento?

Se a gratificação não for habitual, poderá ser retirada. Caso se torne constante, integrará o salário na época própria.

244. O salário, então, deve ser pago por mês?

Normalmente sim, mas pode ser pago também por quinzena, semana, dia ou mesmo hora, conforme contratarem as partes.

245. Quer dizer que o salário é sempre calculado pelo tempo de serviço que presta o empregado?

Não. Já vimos que pode ser também fixado pelas comissões e porcentagens devidas ao empregado ou ainda pelas tarefas que habitualmente executar ou aquelas feitas em determinado tempo.

246. Se o empregado iniciar o trabalho sem contratar uma quantia, qual o salário a que terá direito?

Não fixado o salário, terá direito o empregado a salário igual ao trabalhador que, na empresa, fizer o mesmo que ele ou ao que for pago, habitualmente, para serviço equivalente.

XI. Salário Mínimo

247. O que é salário mínimo?

É a quantia mínima paga pelo empregador em razão do trabalho, que possibilita a subsistência do empregado com dignidade. Em nossa lei está assim definido: "Salário mínimo é a contraprestação mínima devida e paga diretamente pelo empregador a todo trabalhador, por jornada normal de trabalho, capaz de satisfazer, em qualquer região do País, às suas necessidades vitais básicas e às de sua família com moradia, alimentação, educação, saúde, lazer, vestuário, higiene, transporte e previdência social".

248. Como é fixado o salário mínimo?

O salário mínimo é fixado com um valor mensal, diário ou por hora, havendo legislação que estabelece seu valor específico, condições e periodicidade de reajuste.

249. Quais as necessidades vitais descritas na Constituição?

Moradia, alimentação, educação, saúde, lazer, vestuário, higiene, transporte e previdência social.

250. O empregado pode ter descontado de seu salário mínimo o percentual da previdência social?

Sim. Os empregados com carteira assinada, inclusive o doméstico e o trabalhador avulso, poderão ter descontado de seu salário o percentual da previdência social. Este desconto varia de acordo com o valor do salário de cada trabalhador.

251. E os empregados que percebem remuneração variável?

A eles é garantido salário nunca inferior ao mínimo.

252. O que é o salário família?

É um benefício pago aos segurados empregados, exceto os domésticos, e aos trabalhadores avulsos para auxiliar no sustento dos filhos de até 14 anos de idade ou inválidos de qualquer idade. São equiparados aos filhos os enteados e os tutelados, sendo que estes não devem possuir bens suficientes para o próprio sustento, devendo a dependência econômica de ambos ser comprovada.

253. O salário família tem natureza salarial?

Não. Apesar do nome "salário" família, esta verba não tem natureza salarial, não sendo considerada para o cálculo das verbas rescisórias, porque quem a paga, na verdade, não é o empregador, mas a Previdência, e ela não depende da prestação de serviços, mas do número de dependentes.

254. Quer dizer que mesmo que a esposa do trabalhador e seus filhos maiores de quatorze anos não trabalhem e sejam dependentes do trabalhador, apesar de serem da família não dão direito a que, por eles, possa o empregado receber salário família?

Sim. O salário família não está vinculado ao número dos familiares do empregado, mas a seu número de filhos menores de 14 anos, porque, em tese, os demais dependentes estariam acobertados pelo salário mínimo, definido pela Constituição como salário familiar, capaz de atender as necessidades vitais básicas do trabalhador e de sua família.

255. O empregado menor tem direito a salário mínimo igual ao do maior?

Sim. As exceções legais foram revogadas pela Constituição, que considera menor aquele que tiver menos de 14 anos, proibindo a ele qualquer trabalho, exceto na condição de aprendiz.

256. E o menor que trabalha no campo?

O trabalhador rural, menor de dezesseis anos, pela legislação tem direito a metade do salário mínimo do adulto; com mais de dezesseis anos, tem assegurado o salário mínimo estabelecido para o adulto.

257. E as mulheres, têm elas salário mínimo diferente daquele dos homens?

Não. A Constituição proíbe discriminação em razão do sexo.

258. O que é o salário mínimo profissional?

É o concedido para determinadas profissões específicas por intermédio de lei própria, convenção coletiva ou sentença normativa.

O salário mínimo profissional pode ser objeto de negociação coletiva para sua redução, desde que não seja reduzido a valor inferior ao salário mínimo.

259. O que é a Lei?

Na vida há diversas atividades que podem ser realizadas e outras que não devem ser feitas, para que os homens possam viver em conjunto. As regras que a disciplinam são elaboradas pelo Poder Público e chamam-se leis.

260. O que é uma convenção coletiva?

Os trabalhadores e empregadores organizam-se em sindicatos que representam suas categorias, profissional e econômica.

Esses sindicatos podem fazer acordos entre si, fixando condições de trabalho e aplicando-as às empresas e aos empregados por eles representados.

Tais acordos são chamados de convenções coletivas. Quando são feitos entre sindicato e empresa, chamam-se acordos coletivos.

261. O que é uma sentença normativa?

Quando as entidades sindicais não chegam a um acordo sobre os direitos discutidos, não conseguindo realizar uma convenção, pedem que a Justiça resolva a questão, dando início a um dissídio coletivo. Sentença normativa é a decisão do dissídio coletivo que estabelece as normas a serem cumpridas pelas categorias interessadas. Atualmente só há dissídio coletivo com a concordância das partes.

262. Por quanto tempo vigora o salário mínimo fixado?

O salário mínimo fixado pela lei vigora pelo prazo nela estipulado.

263. Pode o empregado ganhar menos que o salário mínimo?

Não. Mesmo que ele concorde, a fixação de salário menor que o mínimo é nula.

XII. Alteração do Contrato de Trabalho

264. O contrato de trabalho pode ser alterado?

Sim. Desde que a alteração não seja prejudicial ao empregado.

265. E se o empregado aceitar a alteração?

Mesmo que aceita pelo empregado, as alterações prejudiciais a ele são nulas.

266. Então, o contrato, na prática, nunca poderá ser alterado?

Existem alterações que podem trazer melhorias para o empregado. Estas são possíveis.

267. E as modificações que não trazem prejuízos nem benefícios ao empregado?

Pode o empregador, para melhorar os serviços, modificar certas condições que não trazem prejuízos ao trabalhador, embora não sejam benéficas; nesses casos também é possível a modificação.

268. Mas por que o consentimento do empregado não é aceito, no caso de prejuízo?

Presume-se que este consentimento foi viciado em razão da necessidade que tem o empregado de continuar no emprego, pois, normalmente, ninguém aceita cláusula prejudicial a si mesmo.

269. O empregador pode transferir o empregado provisioriamente?

Comprovada a necessidade de serviço e pagando um percentual sobre o salário que o empregado recebe — no mínimo igual a vinte e cinco por cento —, pode o empregador determinar que ele trabalhe por um certo tempo em outro local, devendo pagar todas as despesas que tiver o trabalhador para ir e voltar.

270. Pode o empregador transferir o empregado definitivamente?

Mesmo que seja uma condição aceita por ambos, só se pode transferir definitivamente o empregado demonstrando para ele a necessidade de serviço, assim como a certeza de que só aquele empregado é que preencheria as condições necessárias para trabalhar no outro local.

271. E quando a transferência for definitiva, o empregado tem direito ao adicional de transferência?

O adicional não é devido na hipótese de transferência definitiva porque a lei se reporta ao pagamento "enquanto durar a transferência", o que demonstra algo transitório e não definitivo.

272. E se ocorrer a extinção do estabelecimento?

Neste caso é lícita a transferência do empregado.

273. O empregador pode reduzir o trabalho do empregado que ganha por produção?

Não, pois seria uma alteração prejudicial.

274. E a jornada de trabalho pode ser alterada, unilateralmente, pelo empregador?

Se houver uma mudança de horário diurno para o noturno, a alteração será nula. Da mesma forma se o empregado sofrer prejuízos em seus hábitos ou em razão de outro emprego.

275. E a alteração do contrato em razão da transferência de horário de trabalho, de noturno para diurno, ela é possível? O empregado deixa de receber o adicional noturno?

Sim. A transferência para o período diurno de trabalho implica a perda do direito ao adicional noturno, sem que esta alteração, apesar da perda do adicional, seja considerada prejudicial ao empregado, pois para saúde do trabalhador o trabalho diurno é tido como mais saudável. Se o empregado comprovar prejuízos outros porém, a transferência será proibida.

276. Pode a empresa reduzir o salário de seus empregados?

De acordo com a Constituição, é proibida a redução salarial, salvo o disposto em convenção ou acordo.

277. Pode o empregado ser desviado da função?

Não. O empregado deve trabalhar em serviço para o qual foi contratado.

278. E no caso de extinção da função?

Nesse caso, o empregador deverá transferir o empregado para função equivalente ou semelhante.

279. E se o empregado ocupar função de confiança?

Poderá o empregador, a qualquer momento, determinar seu retorno ao cargo efetivo, sem que tal ato importe em alteração ilegal de contrato.

280. É possível a alteração do contrato, dispensado o empregado do cargo de confiança, com a supressão da gratificação percebida?

Sim. Esta hipótese não é considerada como alteração do contrato, pois o contrato é para o cargo efetivo. Desta forma, retornando o trabalhador ao cargo efetivo exercido antes de ser designado para ocupar cargo comissionado, de confiança, o empregador pode suprimir o pagamento da gratificação. Esta é a regra, mas há uma exceção quando o cargo em comissão houver sido exercido por mais de 10 anos. Neste caso, se o empregador, sem justo motivo, reverter o empregado a seu cargo efetivo, não poderá retirar-lhe a gratificação tendo em vista o princípio da estabilidade financeira.

XIII. Suspensão e Interrupção do Contrato de Trabalho

281. O que é suspensão do contrato de trabalho?

O contrato gera obrigações e direitos para o empregador e para o empregado por meio das cláusulas contratuais. Em casos especiais, podem todas as cláusulas ficar em repouso durante determinado prazo, sem que haja a extinção do contrato. Trata-se, então, de suspensão.

282. Quais os casos de suspensão de contrato, em nosso Direito?

São casos em que o empregado não recebe salário, mas continua em vigor o contrato, como por exemplo, o afastamento do empregado em virtude de exigência do serviço militar ou de encargos públicos; o gozo de benefício da previdência social, suspensão por interesse, inclusive disciplinar ou concessão do empregador por acidente de trabalho; para desempenho de funções sindicais e participação pacífica em greve sindical. Assim, a suspensão pode ocorrer por motivo de fato alheio à vontade do empregado, de fato que depende de sua vontade e, finalmente, de determinação legal.

283. O que é interrupção do contrato de trabalho?

Há casos especiais em caráter provisório, em que a prestação de serviços é interrompida sem prejuízo do salário. Os casos de interrupção estão previstos na lei e podem resultar também de concessão do empregador.

284. Durante a suspensão nenhuma cláusula vigora?

O contrato fica inerte, perde sua eficácia temporária em relação às partes. Não há trabalho, não há salário, não há contagem de tempo de serviço. Só permanece a obrigação do empregador receber de volta o empregado com as vantagens que, em sua anuência, tenham sido atribuídas à categoria a que pertencia na empresa.

285. E na interrupção?

Na interrupção, o empregado deixa de satisfazer sua obrigação principal que é trabalhar, mas o empregador continua obrigado a realizar o pagamento do salário, computando-se o tempo de serviço para todos os efeitos.

286. Qual a diferença, em síntese, entre suspensão e interrupção do contrato de trabalho?

Na suspensão, não há trabalho nem pagamento. Na interrupção não há trabalho, mas o salário é pago.

287. Mas por que esta vantagem para o trabalhador concedida pela interrupção?

O empregado não é remunerado apenas pelo serviço prestado. O contrato de trabalho tem sua função social, devendo o trabalhador ser o fim e não apenas um meio de produção. Decorrentes da relação de trabalho, aparecem as necessidades sociais de quem trabalha protegidas legalmente; daí, a interrupção remunerada dos serviços por motivos decorrentes da própria continuidade do contrato.

288. Quais os casos de interrupção do contrato de trabalho?

O contrato interrompe-se, legalmente, por motivo de férias, repouso semanal obrigatório, faltas justificadas por lei (falecimento do cônjuge, filho ou parente próximo, nascimento de filho, casamento, doação de sangue, alistamento eleitoral); nos primeiros 15 dias de doença, quando o empregado é encaminhado à Previdência; para o exercício de Juiz ou Jurado; na licença de 120 dias para a gestante e de 5 dias para o pai.

289. Pode haver outros motivos de interrupção?

Sim. Sendo uma vantagem para o trabalhador, a empresa poderá conceder a interrupção por outros motivos que considerar convenientes de acordo com o seu regulamento interno.

290. E nos casos de serviço militar obrigatório, está o empregador obrigado a pagar salários?

Não. O tempo com o serviço militar, assim como em razão de acidentes do trabalho, é considerado como de suspensão do contrato — embora a lei assegure, em ambos os casos, a contagem do tempo de serviço para todos os efeitos legais.

291. O empregado com o contrato suspenso ou interrompido perde as vantagens concedidas à categoria durante a sua ausência?

Não. A lei, como já foi dito, assegura ao empregado todas as vantagens atribuídas à categoria durante a sua ausência.

XIV. Garantia no Emprego

292. O que é estabilidade?

O empregado que trabalha despende energia, gastando seu físico e sua mente. É lógico que esse trabalho não é uma mercadoria que ele vende ao empregador, pois o homem tem seu valor respeitado como principal interesse de tudo. Em consequência, o tempo de serviço, que ele dá à empresa, não pode apenas ser pago, sem que dele decorram outros direitos. Assim, foi criado pela lei o instituto da estabilidade, mediante o qual aquele que trabalhasse, por mais de dez anos, na mesma empresa, não poderia ser despedido, a não ser que cometesse falta grave, sendo que quem conhecia da existência dessa falta era a Justiça. Dessa forma, a estabilidade vinculava o empregado à empresa, como decorrência do tempo de serviço trabalhado em benefício de um mesmo empregador.

Esta estabilidade, prevista no art. 492 da CLT, terminou na Constituição de 1988, em razão do sistema obrigatório do FGTS, persistindo, como direito adquirido apenas em relação aos empregados mais antigos, que, antes de outubro de 1988, já contassem com mais de dez anos de serviço, e não fossem optantes pelo FGTS, como previsto no art. 14 da Lei n. 8.036/90.

293. O que fez a Constituição de 1988?

A Constituição de 1988 integrou o sistema do FGTS com o da garantia no emprego; não uma garantia absoluta como a anterior, decorrente de estabilidade, mas uma proteção à despedida sem justa causa, extinguindo a opção. Existem ainda estabilidades provisórias decorrentes do contrato ou de leis especiais.

294. Como assim?

Garantiu o texto constitucional o Fundo de Garantia do Tempo de Serviço, passando todos os empregados a ter a ele direito, e estabeleceu que lei complementar evitará a dispensa arbitrária, prevendo inclusive indenização compensatória, entre outros direitos. Enquanto não vigorar a referida Lei, consequentemente, deverá o empregador, na despedida arbitrária, pagar ao empregado 40% sobre o valor de seu FGTS.

295. Então, quem é optante é também estável?

Não. A estabilidade acabou e existem mais optantes pelo FGTS. Todos os empregados têm direito ao FGTS e a não serem despedidos arbitrariamente, sob pena de uma relevante indenização, além do pagamento do referido fundo de garantia.

Só que até o momento, o legislador não estabeleceu outra forma de reparo da dispensa. Até hoje não existe a lei complementar que preverá indenização compensatória nos casos de despedida arbitrária ou sem justa causa.

Antes, ou o empregado era estável ou optante do FGTS. Atualmente o FGTS nada tem a ver com a garantia no emprego.

296. O que é estabilidade provisória?

É o direito que tem o empregado de não ser demitido do emprego não em razão de sua pessoa, mas objetivando proteger o cargo que exerce. Assim, têm estabilidade provisória o representante sindical, urbano ou rural, o dirigente de cooperativa, o de colônias de pescadores e outros que, mediante convenção coletiva ou sentença normativa, obtiveram tal direito. Esta estabilidade provisória convive com o FGTS.

297. E a gestante tem estabilidade provisória?

A mulher gestante tem assegurada licença de cento e vinte dias sem prejuízo do salário e do emprego.

Tem também estabilidade no emprego desde a confirmação da gravidez até cinco meses após o parto.

298. E se o empregador não souber que a empregada está grávida e mandá-la embora?

O desconhecimento do estado gravídico pelo empregador não afasta o direito ao pagamento da indenização decorrente da estabilidade. Sendo assim, ela terá direito à estabilidade no emprego, desde a confirmação da gravidez até cinco meses após o parto.

299. E se a gestante estiver no período do contrato de experiência?

Na hipótese de admissão mediante contrato de experiência, a empregada gestante não tem direito à estabilidade provisória, visto que a extinção da relação de emprego, em face do término do prazo, não constitui dispensa arbitrária ou sem justa causa.

300. E se a gestante estiver no período do aviso-prévio?

Se a gestante engravidar no período do aviso-prévio, a jurisprudência tem entendido que a empregada gestante tem direito à estabilidade provisória.

301. Se o empregado cometer uma falta grave, ainda no regime de estabilidade, poderá ser demitido sem nenhuma indenização?

Sim, mas é necessário que o empregador comprove esta falta grave na Justiça do Trabalho mediante um inquérito judicial para apurá-la.

302. E o empregado que sofre acidente de trabalho, ele tem direito a alguma estabilidade ou pode ser demitido no dia seguinte do retorno de sua licença?

O trabalhador que sofreu acidente de trabalho tem garantida a manutenção de seu contrato de trabalho por, no mínimo, um ano, de acordo com o art. 118 da Lei n. 8.213/91.

303. O dirigente sindical tem direito à estabilidade?

Sim, desde o momento do registro de sua candidatura a cargo de direção ou representação de entidade sindical ou de associação profissional, até um ano após o final de seu mandato, caso seja eleito, inclusive como suplente.

304. Durante o inquérito para demitir o estável, o trabalhador não recebe o salário?

Não. No prazo do inquérito o trabalhador fica com o contrato suspenso. Se for comprovada a falta grave, considera-se o empregado demitido desde a suspensão. Caso não seja comprovada a falta, ele tem direito à reintegração na empresa, com todos os salários atrasados.

305. E se o empregado não quiser retornar ao trabalho por não haver mais relacionamento entre ele e o empregador?

Comprovada a incompatibilidade, pode o juiz transformar a reintegração do estável em indenização pelo tempo de serviço prestado, que se conta em dobro.

306. Se a empresa for extinta, sem a ocorrência de motivo de força maior, é devido ao empregado estável alguma indenização?

Sim. É garantida a indenização por rescisão do contrato por prazo indeterminado, que é paga em dobro.

XV. Fundo de Garantia do Tempo de Serviço

307. O que é Fundo de Garantia do Tempo de Serviço?

É um sistema de proteção ao empregado pelo tempo de serviço prestado à empresa. Todo trabalhador brasileiro com contrato de trabalho formal, regido pela CLT, e também trabalhadores rurais, temporários, avulsos, safreiros e atletas profissionais têm direito ao FGTS. O diretor não empregado e o empregado doméstico podem ser incluídos no sistema FGTS, a critério do empregador.

O Fundo de Garantia do Tempo de Serviço — FGTS foi criado para proteger o trabalhador demitido sem justa causa. O FGTS é constituído de contas vinculadas, abertas em nome de cada trabalhador, e o empregador efetua o primeiro depósito. O saldo da conta vinculada é formado pelos depósitos mensais efetivados pelo empregador, equivalentes a 8% do salário pago ao empregado, acrescido de atualização monetária e juros.

Com o FGTS, o trabalhador tem a oportunidade de formar um patrimônio, que pode ser sacado em momentos especiais, como o da aquisição da casa própria ou da aposentadoria e em situações de dificuldades, que podem ocorrer com a demissão sem justa causa ou em caso de algumas doenças graves.

O trabalhador pode utilizar os recursos do FGTS para a moradia nos casos de aquisição de imóvel novo ou usado, construção, liquidação ou amortização de dívida vinculada a contrato de financiamento habitacional.

308. O percentual de 40% sobre o FGTS, devido ao empregado no caso de dispensa sem justa causa, é calculado sobre o saldo da conta do FGTS quando da demissão sobre o total dos depósitos do FGTS desde a abertura da conta ou sobre o total dos depósitos efetuados pelo empregador que agora o está dispensando?

O percentual de 40% incide não apenas sobre o saldo existente na época da dispensa, porque o empregado pode ter se utilizado desse valor, por exemplo, para aquisição de casa própria e, assim, ao exercer um direito, o de usar o FGTS, estaria sendo prejudicado. O percentual incide sobre o valor total dos depósitos efetuados pelo empregador, devidamente atualizados e corrigidos. Como a conta do FGTS deve ser uma — vinculada ao empregado e não ao empregador —, é preciso que fique claro que se nela houver depósitos efetuados por outra empresa que não a que ora está dispensando o trabalhador, esses depósitos não serão considerados para a incidência dos 40%.

309. Nos casos de interrupção do contrato, os depósitos do FGTS são devidos ao empregado?

Sim. Não se interrompe a obrigação do empregador de efetuar depósitos pela interrupção do contrato.

310. E nos casos de suspensão do contrato de trabalho?

Se o empregado tiver assegurado o tempo de serviço de sua volta, o depósito é obrigatório.

311. Sobre o 13º salário incide o depósito de Fundo de Garantia?

Sim, devendo o depósito ser realizado, de uma só vez, até o dia 7 do mês de janeiro do ano seguinte ao seu pagamento.

312. Quando o empregado poderá sacar o FGTS?

Na demissão sem justa causa; no término do contrato por prazo determinado; na rescisão do contrato por extinção total ou parcial da empresa; na decretação de anulação do contrato de trabalho nas hipóteses previstas no art. 37, § 2º, da Constituição Federal, ocorrida após 28.7.2001, quando mantido o direito ao salário; na rescisão do contrato por falecimento do empregador individual; na rescisão do contrato por culpa recíproca ou força maior; na aposentadoria; no caso de necessidade pessoal, urgente e grave, decorrente de desastre natural causado por chuvas ou inundações que tenham atingido a área de residência do trabalhador, se houver uma situação de emergência ou o estado de calamidade pública for assim reconhecido por meio de portaria do Governo Federal; na suspensão do trabalho avulso; no falecimento do trabalhador; quando o titular da conta vinculada tiver idade igual ou superior a 70 anos; quando o trabalhador ou seu dependente for portador do vírus HIV; quando o trabalhador ou seu dependente for acometido de neoplasia maligna — câncer; quando o trabalhador ou seu dependente estiver em estágio terminal, em razão de doença grave; quando a conta permanecer sem depósito por 3 anos seguidos, cujo afastamento tenha ocorrido até 13.7.1990; quando o trabalhador permanecer por 3 anos seguidos fora do regime do FGTS, cujo afastamento tenha ocorrido a partir de 14.7.1990, podendo o saque, neste caso, ser efetuado a partir do mês de aniversário do titular da conta; e para aquisição de moradia própria, liquidação ou amortização de dívida ou pagamento de parte das prestações de financiamento habitacional.

313. Onde sacar o FGTS?

É possível realizar saque de valor igual ou inferior a R$ 600,00 da sua conta vinculada ao FGTS nas unidades lotéricas, nos Correspondentes CAIXA AQUI, nos postos de atendimento eletrônico e nas salas de autoatendimento. Para outros valores, independente do limite, você pode sacar os recursos em qualquer agência da CAIXA.

Nos locais onde não houver agência da CAIXA, o saque será efetuado no banco conveniado, no qual foi feita a solicitação do benefício.

314. O trabalhador pode sacar o FGTS qualquer dia do mês ou há uma data mais indicada?

O saque pode ser realizado em qualquer data. Porém, o saldo da conta vinculada ao FGTS é corrigido todo dia 10 de cada mês. Ao requerer o saque, se preferir, solicite que o pagamento seja efetuado após o crédito de juros e atualização monetária.

315. Quando o empregado pede demissão, é demitido por justa causa ou quando entra em acordo para rescindir seu contrato não poderá utilizar sua conta do FGTS?

Não. A lei do FGTS não prevê tal possibilidade para uso do saldo da conta do FGTS.

316. E quando o empregado falecer, o que será feito de sua conta?

Deverá ser paga, em partes iguais, aos seus dependentes habilitados perante a Previdência Social. Na falta de dependentes, terão direito seus sucessores previstos na lei civil.

317. O empregado tem como conferir se os depósitos do FGTS estão sendo feitos?

Sim, a partir do extrato do FGTS que o trabalhador recebe em casa a cada 2 meses. Se não estiver recebendo o extrato, o trabalhador deverá informar seu endereço completo em uma agência da CAIXA, pelo sítio da CAIXA na *internet* ou, ainda, pelo telefone 0800 726 01 01.

318. E se o empregador não tiver depositando?

O trabalhador deverá procurar a Delegacia Regional do Trabalho (DRT), já que o responsável pela fiscalização das empresas é o Ministério do Trabalho e Emprego.

319. As contas do FGTS têm rendimento?

Sim. Todo dia 10 recebem atualização monetária mensal mais juros de 3% a.a.

XVI. Do Aviso-Prévio

320. O que é aviso-prévio?

Se eu demito o empregado, tenho que avisá-lo com antecedência de no mínimo trinta dias, reduzindo seu tempo de serviço para que procure outro emprego. Se, ao contrário, ele pedir demissão, deverá avisar-me aguardando o mesmo prazo em serviço para que eu possa preencher sua vaga. A Constituição estabelece que o prazo do aviso-prévio é de, no mínimo, trinta dias, sendo proporcional ao tempo de serviço. Lei nova regulamentará esta proporção.

Em outubro de 2011 entrou em vigor nova lei que dispõe sobre a ampliação do aviso-prévio. Logo, o aviso-prévio que sempre foi limitado a trinta dias, independentemente do tempo de serviço do empregado na empresa, a partir da vigência da referida lei, passará a ser aumentado de três dias por ano de serviço prestado na mesma empresa, até o máximo de sessenta dias, perfazendo um total de noventa dias.

321. Essa ampliação do aviso-prévio atinge a empresa e o empregado?

Sim, as demais normas da CLT sobre a matéria continuam em vigor.

Assim, se o empregado, por exemplo, tiver direito ao aviso-prévio de 33 dias e resolver se demitir sem avisar à empresa, poderá ser descontado no valor de suas verbas rescisórias esses 33 dias.

322. Qual a redução da jornada durante o aviso-prévio?

A redução será de duas horas diárias, não sendo concedida se foi o empregado que pediu demissão. Poderá o trabalhador, preferindo, faltar ao emprego por um dia ou sete dias corridos. Nesses casos, o empregado não terá direito à redução da jornada.

323. E se o prazo não for concedido pelo empregador?

Deverá ele pagar ao empregado o valor do salário correspondente.

324. E se o empregado negar-se à concessão do referido prazo?

Poderá o empregador reter o pagamento que seria devido ao empregado, correspondente ao valor do aviso-prévio não trabalhado.

325. O empregado pode renunciar ao aviso-prévio?

Não. O direito ao aviso-prévio é irrenunciável pelo empregado. O pedido de dispensa de cumprimento não exime o empregador de pagar o respectivo valor, salvo comprovação de haver o prestador dos serviços obtido novo emprego.

326. O tempo do aviso-prévio integra o contrato de trabalho?

Sim. A jurisprudência entende que tal tempo se computa para todos os efeitos.

327. Pode o empregado ou o empregador reconsiderar o ato de aviso-prévio durante seu prazo?

Sim, mas dependerá da aceitação da outra parte.

328. Se o empregador, durante o aviso-prévio, praticar ato que justifique a rescisão por parte do empregado, o que acontecerá?

Deverá pagar a remuneração do aviso-prévio e mais a indenização devida.

329. E se o empregado cometer falta grave durante esse prazo?

Ele perderá o direito ao restante do respectivo prazo.

330. O aviso-prévio é também assegurado aos domésticos?

Sim, os domésticos têm também direito ao aviso-prévio, mas têm obrigação de concedê-lo ao empregador.

XVII. Extinção do Contrato de Trabalho

331. O que é a justa causa que possibilita a demissão do trabalhador?

Todo contrato é baseado na boa-fé e na confiança entre as partes. Se o empregador, por uma razão forte, perde esta confiança no empregado, tem direito a terminar com o contrato, tendo em vista a falta cometida.

332. O empregador poderá punir o empregado pela falta cometida a qualquer momento?

Não. A falta grave deve ser punida de imediato, senão a Justiça entende que o empregador perdoou o empregado.

333. Quais são esses atos faltosos do empregado?

A desonestidade, sua má conduta no trabalho ou fora dele, negociação do empregado por conta própria prejudicando o serviço ou concorrendo com o empregador, condenação criminal do empregado, não cumprimento por diversas vezes das obrigações do contrato, embriaguez habitual, violação de segredos da empresa, indisciplina, insubordinação, abandono de emprego quando não comunicada a razão por mais de trinta dias, ofensas morais ou físicas ao patrão ou aos companheiros, práticas de jogos de azar e o não pagamento de dívidas.

334. O empregado pode pedir para sair do emprego e ser indenizado porque o empregador agiu cometendo falta grave contra ele?

Sim. É o que se chama de rescisão indireta do contrato de trabalho.

335. Quais são as faltas graves que podem ser cometidas pelo empregador?

Exigir do empregado serviços superiores às suas forças, contrários à lei e aos bons costumes ou que não estejam previstos no contrato; tratar o empregado com muito rigor; obrigá-lo a trabalhar em lugar perigoso e sem segurança; não cumprir o empregador as obrigações do contrato, tais como pagar o salário na época própria, ofender o empregado, física ou moralmente; reduzir o trabalho do empregado que ganha por peça ou tarefa; enfim, não seguir as regras que devem ser observadas por ambas as partes.

336. Se o empregador atrasar o salário por um mês, o empregado já pode pedir a rescisão indireta?

Não. Pela lei, o que dá ensejo a rescisão indireta é o atraso no pagamento por um período igual ou superior a três meses. Entretanto, tem decidido o TST que o atraso salarial reiterado, ainda que não atingindo prazo igual ou superior a três meses, é fator de rescisão indireta, em face da severidade da falta do empregador.

337. Pode ser que o empregador ou o empregado não queiram, de comum acordo, continuar com

o contrato ou queiram fazer acordo com o tempo de serviço. Podem assim agir?

Se o contrato existir há mais de um ano só poderá ser rescindido, qualquer que seja a razão, por documento escrito, assistido o empregado por seu sindicato ou autoridade do Ministério do Trabalho.

338. Por que estes acordos têm que ser homologados?

Após um ano de serviço, o empregado começa a ter direitos em decorrência do tempo que trabalhou para o empregador. Como ele é considerado, por presunção legal, mais fraco frente ao poder econômico da empresa, é natural que, precisando de dinheiro, aceite um acordo prejudicial. Esta é a razão por que a lei determina que o empregado seja assistido, quando da rescisão de seu contrato, após um ano de serviço.

339. Então o contrato é sempre formal?

Não. O contrato pode ser informal quando do seu início, mas sempre será formal no seu término.

340. Como deve proceder o empregado que, ao receber suas verbas rescisórias, verifica que não estão corretas?

Neste caso, o empregado deve fazer uma ressalva no verso do termo de rescisão, registrando tudo o que acha que está errado. Por exemplo, se acha que tem direito a mais horas extras do que foram pagas deve ressaltar o direito de reclamar horas extras; se acha que a remuneração considerada para o cálculo das verbas rescisórias não foi a maior remuneração percebida, deve consignar seu protesto de forma específica, registrando no verso que a base de cálculo das verbas rescisórias não está correta.

Esse procedimento é essencial para resguardar o direito do trabalhador de reclamar na Justiça parcelas ou valores que entende que lhe são devidos, porque de acordo com o art. 477 da CLT, interpretada pela Súmula n. 330 do TST, a quitação passada pelo empregado, com assistência do sindicato, libera o empregador de qualquer pedido de diferença em relação às parcelas consignadas no recibo, salvo se oposta ressalva expressa e específica. Desta forma, ao assinar o termo de rescisão, o trabalhador tem de ficar atento para verificar qualquer incorreção — seja no valor, seja na falta de parcela devida —, fazendo o registro do erro, que entende existente, no verso da rescisão.

341. Quais os documentos necessários para homologação da rescisão?

O Termo de Rescisão do Contrato de Trabalho (TRCT) em quatro vias; a Carteira de Trabalho e Previdência Social (CTPS) com as anotações devidamente atualizadas; o Registro de Empregados em livro, ficha ou cópia dos dados obrigatórios do registro de empregado quando informatizados; o comprovante do aviso-prévio, se tiver sido dado, ou do pedido de demissão, quando for o caso; a cópia do acordo ou da convenção coletiva de trabalho ou da sentença normativa, se houver; as 2 últimas guias de recolhimento do FGTS ou extrato atualizado da conta vinculada; a Comunicação de Dispensa (CD), para fins de habilitação ao seguro-desemprego na hipótese de rescisão do contrato de trabalho sem justa causa; o Requerimento do Seguro-Desemprego.

342. No ato de rescisão é preciso a presença do empregado e do empregador?

Sim. O ato da rescisão assistida exigirá a presença do empregado e do empregador. O empregador poderá ser representado por preposto formalmente credenciado e o empregado, excepcionalmente, por procurador legalmente constituído, com poderes expressos para receber e dar quitação.

343. E se o empregado for menor?

Tratando-se de empregado menor, será obrigatória, também, a presença e a assinatura do pai ou da mãe ou de seu representante legal, que comprovará essa qualidade.

344. Qual o prazo que o trabalhador tem de esperar para receber suas verbas rescisórias?

Se houver norma coletiva mais favorável, o empregado que tiver cumprido o aviso-prévio trabalhando terá direito a recebê-las no primeiro dia útil seguinte ao final do aviso-prévio, que é considerada a data do término do contrato.

Se o aviso-prévio não tiver sido concedido, se ele tiver sido indenizado ou se seu cumprimento foi dispensado, então o empregado terá de aguardar até dez dias depois da comunicação da dispensa.

345. O empregador é obrigado a cumprir esses prazos?

Sim. É lógico que o empregador pode pagar antes desses prazos, mas se pagar depois e não comprovar que o pagamento fora do prazo foi culpa do empregado, então o empregador terá de pagar uma multa para o trabalhador no valor de seu salário.

346. Como deve ser feito o pagamento das verbas rescisórias?

O pagamento será efetuado preferencialmente em moeda corrente ou cheque visado ou mediante comprovação de depósito bancário em conta corrente do empregado, ordem bancária de pagamento ou ordem bancária de crédito, desde que o estabelecimento bancário esteja situado na mesma cidade do local de trabalho. Tratando-se de empregado menor ou analfabeto, o pagamento somente poderá ser feito em dinheiro.

347. Há algum impedimento legal para a rescisão contratual?

Sim. São impedimentos legais para a rescisão contratual arbitrária ou sem justa causa a gestação da empregada desde a confirmação da gravidez até o quinto mês após o parto; a candidatura do empregado para o cargo de direção de Comissões Internas de Prevenção de Acidentes (CIPA), desde o registro da candidatura e, se eleito, até um ano após o final do mandato; a candidatura do empregado sindicalizado, a partir do registro da candidatura, a cargo de direção ou representação sindical e, se eleito, ainda que suplente, até um ano após o final do mandato; a garantia de emprego decorrente de lei, acordo, convenção coletiva ou sentença normativa e a suspensão contratual.

348. Quais os direitos do trabalhador dispensado sem justa causa?

— parcelas salariais devidas (saldo de salário, horas extras);

— aviso-prévio;

— férias em dobro, simples ou proporcionais, acrescidas de 1/3 a mais do que o salário normal;

— 13º salário integral ou proporcional, calculado na base de 1/12 da remuneração por mês de serviço, sendo que fração igual ou superior a 15 dias de trabalho equivale, para este fim, a mais um mês de trabalho;

— FGTS sobre a rescisão;

— multa de 40% sobre o saldo do FGTS que deverá ser depositada na conta vinculada do empregado;

— seguro desemprego;

— indenização equivalente a um salário mensal, no valor deste à data da comunicação do despedimento, na hipótese de dispensa no período de 30 dias que antecede a data-base (Lei n. 7.238/84). O aviso-prévio, mesmo indenizado, conta como tempo de serviço para esse efeito;

— outras vantagens ou benefícios concedidos por contrato, regulamento interno, acordo, convenção coletiva ou sentença normativa.

349. Quais os direitos do trabalhador dispensado por justa causa?

— parcelas salariais devidas (saldo de salário, horas extras);

— férias vencidas acrescidas de 1/3;

— o empregado não perde o direito aos depósitos já efetuados em sua conta do FGTS, apenas não pode levantá-los.

350. Quais os direitos do trabalhador se houver culpa recíproca (culpa dos dois)?

— parcelas salariais devidas (saldo de salário, horas extras);

— 50% do valor do aviso-prévio, do décimo terceiro salário e das férias proporcionais;

— liberação dos depósitos do FGTS, mais indenização de 20% sobre estes, acrescidos de juros e correção.

351. Quais os direitos do empregado dispensado por rescisão indireta (falta grave do empregador)?

— parcelas salariais devidas (saldo de salário, horas extras);

— férias vencidas ou proporcionais acrescidas de 1/3;

— 13º salário;

— aviso-prévio;

— liberação dos depósitos do FGTS, mais indenização de 40% sobre estes, acrescidos de juros e correção.

352. Quais os direitos do empregado que pedir demissão?

— parcelas salariais devidas (saldo de salário, horas extras);

— férias vencidas ou proporcionais acrescidas de 1/3;

— 13º salário;

— quando o empregado pede para sair da empresa, é ele que tem que dar o aviso-prévio ao empregador. Se o trabalhador não der o aviso-prévio, o empregador poderá descontar o valor a ele correspondente das parcelas rescisórias.

353. Então, se o empregado, por vontade própria, deixar o emprego ou for demitido por justa causa, não terá direito a nenhuma indenização?

Não. A indenização se origina em decorrência de uma falta de justa causa para ser demitido o empregado.

354. Quais os direitos do empregado dispensado por vencimento do contrato a prazo determinado?

— parcelas salariais devidas (saldo de salário, horas extras);

— férias vencidas ou proporcionais, acrescidas de 1/3;

— 13º salário;

— liberação dos depósitos do FGTS.

355. Quais os direitos do empregado dispensado antes do fim do contrato a prazo determinado?

— parcelas salariais devidas (saldo de salário, horas extras);

— férias vencidas ou proporcionais acrescidas de 1/3;

— 13º salário proporcional;

— liberação dos depósitos do FGTS, mais indenização de 40% sobre estes, acrescidos de juros e correção;

— indenização de 50% da remuneração devida pelos dias faltantes para o término do contrato.

OBSERVAÇÃO: Se a rescisão antecipada ocorrer por iniciativa do empregado, é este quem tem de indenizar o empregador pelo equivalente a 50% da remuneração correspondente aos dias faltantes para o término do contrato. Esse valor será descontado do saldo de salários e do 13º salário que lhe são devidos.

356. Aplicam-se aos contratos por prazo determinado, na rescisão antecipada, as normas do aviso-prévio?

Em princípio, não, porque o aviso-prévio só é aplicável aos contratos por prazo indeterminado. Pode acontecer, porém, que as partes estipulem que no contrato, mesmo sendo determinado, será regido pelas mesmas regras do indeterminado. Daí, sim, cabe também o pagamento do aviso-prévio.

357. E no caso de morte do empregado, os herdeiros têm algum direito?

Sim. Têm direito às verbas salariais devidas (saldo de salários, horas extras); férias vencidas e/ou proporcionais, acrescidas de 1/3; 13º salário e liberação dos depósitos do FGTS.

358. Quais os direitos do empregado no caso da extinção da empresa?

— parcelas salariais devidas (saldo de salário, horas extras);

— férias vencidas ou proporcionais, acrescidas de 1/3;

— 13º salário;

— aviso-prévio;

— liberação dos depósitos do FGTS mais indenização de 40%.

359. Quais os direitos do empregado em razão de sua aposentadoria?

— parcelas salariais devidas (saldo de salário, horas extras);

— 13º salário;

— férias vencidas ou proporcionais, acrescidas de 1/3;

— liberação dos depósitos do FGTS.

XVIII. Do Trabalho Doméstico

360. Quem é considerado empregado doméstico?

Considera-se empregado doméstico aquele que presta serviços de natureza contínua (frequente, constante) e de finalidade não lucrativa à pessoa ou à família, no âmbito residencial destas.

361. Quais os direitos concedidos aos empregados domésticos?

— Carteira de Trabalho e Previdência Social, devidamente anotada;

— Salário mínimo fixado em lei;

— Irredutibilidade salarial;

— 13º (décimo terceiro) salário;

— Repouso semanal remunerado, preferencialmente aos domingos;

— Feriados civis e religiosos;

— Férias de 30 (trinta) dias remuneradas;

— Férias proporcionais, no término do contrato de trabalho;

— Estabilidade no emprego em razão da gravidez;

— Licença à gestante, sem prejuízo do emprego e do salário;

— Licença-paternidade de 5 dias corridos;

— Auxílio-doença pago pelo INSS;

— Aviso-prévio de, no mínimo, 30 dias;

— Aposentadoria;

— Integração à Previdência Social;

— Vale-Transporte;

— Fundo de Garantia do Tempo de Serviço (FGTS), benefício opcional;

— Seguro-desemprego concedido, exclusivamente, ao empregado incluído no FGTS.

362. Quais os documentos que o empregado doméstico deve apresentar ao ser admitido no emprego?

Carteira de Trabalho e Previdência Social, comprovante de inscrição no INSS e atestado de saúde fornecido por médico, caso o empregador julgue necessário.

363. Quais as obrigações do empregado doméstico?

Ser assíduo ao trabalho e desempenhar suas tarefas conforme instruções do empregador; ao receber o salário, assinar recibo, dando quitação do valor percebido; quando for desligado do emprego, por demissão ou pedido de dispensa, o empregado deverá apresentar sua Carteira de Trabalho a fim de que o empregador proceda às devidas anotações; quando pedir dispensa, o empregado deverá comunicar ao empregador sua intenção, com a antecedência mínima de 30 dias.

364. Quais as obrigações do empregador?

Anotar a Carteira de Trabalho do empregado, devolvendo-a, devidamente assinada, no prazo de 48 horas. Deverão ser anotados: data de admissão, cargo ou função, salário contratado e posteriores alterações salariais, período aquisitivo, início e término de férias, data de desligamento do emprego, espécie de estabelecimento, bem como os dados relativos à identificação do empregador.

Exigir do empregado apresentação do comprovante de inscrição no INSS. Caso o empregado não possua, o empregador deverá inscrevê-lo.

Preencher devidamente os recibos de pagamento dos salários, inclusive adiantamentos, sejam mensais ou semanais, solicitando assinatura do empregado no ato do pagamento, que deverá ser feito, o mais tardar, até o 5º dia útil do mês subsequente ao vencido. Quando a admissão ocorrer no curso do mês, efetua-se o pagamento proporcional aos dias trabalhados, no prazo referido, tomando-se os meses seguintes por inteiro. O recibo deverá ser feito em duas vias, ficando a primeira via com o empregador e a segunda com o empregado.

O pagamento do salário deve ser feito em dia útil e no local do trabalho, em dinheiro ou mediante depósito em conta bancária aberta para esse fim, com o consentimento do empregado, em estabelecimento próximo ao local do trabalho.

Preencher devidamente os recibos referentes ao pagamento de férias e 13º salário.

Fornecer ao empregado via do recolhimento mensal do INSS.

365. O empregador poderá efetuar algum desconto no salário do empregado doméstico?

Sim. O empregador poderá descontar faltas ao serviço que não forem justificadas ou que não foram previamente autorizadas em até 6% do salário contratado, limitado ao montante de vales-transportes recebidos; os adiantamentos concedidos mediante recibo e a contribuição previdenciária, de acordo com o salário recebido.

366. O empregador poderá efetuar descontos no salário do empregado doméstico por fornecimento de alimentação ou vestuário?

Não. O uniforme e outros acessórios concedidos pelo empregador e usados no local de trabalho não poderão ser descontados. Assim como é vedado ao empregador doméstico efetuar descontos no salário do empregado por fornecimento de alimentação, vestuário, higiene ou moradia.

367. Quais são os benefícios que o empregado doméstico não tem direito?

Recebimento do abono salarial e rendimentos relativos ao Programa de Integração Social (PIS), em virtude de não ser o empregador contribuinte desse programa; salário-família; benefícios por acidente de trabalho (ocorrendo acidente e necessitando de afastamento, o benefício será auxílio-doença); adicional de periculosidade e insalubridade; horas extras; jornada de trabalho fixada em lei e adicional noturno.

368. O caseiro é considerado empregado doméstico?

Sim, para todos os efeitos legais é considerado empregado doméstico.

369. E o empregado em condomínio residencial?

Não. O empregado que presta seus serviços em condomínios residenciais como porteiro, zelador, vigia, não é empregado doméstico.

370. A diarista é considerada empregada doméstica?

Os juízes e Tribunais brasileiros, embora apresentem entendimentos variados sobre a possibilidade de reconhecimento do vínculo da diarista que trabalha alguns dias por semana, têm se inclinado no sentido de não admitir o vínculo empregatício.

XIX. Do Trabalho do Motorista Profissional

371. Quem é considerado motorista profissional?

É motorista de veículos automotores cuja condução exija formação profissional e que exerça a atividade mediante vínculo empregatício, e labore no transporte rodoviário de cargas ou passageiros.

372. Quais são os direitos do motorista profissional?

Os motoristsa profissionais têm direito a ter acesso gratuito a programas de formação e aperfeiçoamento profissional, em cooperação com o poder público; contar, por intermédio do Sistema Único de Saúde — SUS, com atendimento profilático, terapêutico e reabilitador, especialmente em relação às enfermidades que mais os acometem; não responder perante o empregador por prejuízo patrimonial decorrente da ação de terceiro, ressalvado o dolo ou a desídia do motorista, nesses casos mediante comprovação, no cumprimento de suas funções; receber proteção do Estado contra ações criminosas que lhes sejam dirigidas no efetivo exercício da profissão; jornada de trabalho e tempo de direção controlados de maneira fidedigna pelo empregador, que poderá valer-se de anotação em diário de bordo, papeleta ou ficha de trabalho externo, ou de meios eletrônicos idôneos instalados nos veículos, a critério do empregador. Aos profissionais motoristas empregados ainda é assegurado o benefício de seguro obrigatório, custeado pelo empregador, destinado à cobertura dos riscos pessoais inerentes às suas atividades, no valor mínimo correspondente a 10 (dez) vezes o piso salarial de sua categoria ou em valor superior fixado em convenção ou acordo coletivo de trabalho.

373. Quais são os deveres do motorista profissional?

O motorista profissional deve estar atento às condições de segurança do veículo; conduzir o veículo com perícia, prudência, zelo e com observância aos princípios de direção defensiva; respeitar a legislação de trânsito e, em especial, as normas relativas ao tempo de direção e de descanso; zelar pela carga transportada e pelo veículo; colocar-se à disposição dos órgãos públicos de fiscalização na via pública; submeter-se a teste e a programa de controle de uso de droga e de bebida alcoólica, instituído pelo empregador, com ampla ciência do empregado.

374. E se o motorista recusar a submeter-se a teste e a programa de controle de uso de droga e de bebida alcoólica, instituído pelo empregador?

A recusa será considerada infração disciplinar, passível de penalização nos termos da lei.

375. Qual é a jornada diária de trabalho do motorista profissional?

A jornada diária de trabalho do motorista profissional será a estabelecida na Constituição Federal (duração do trabalho normal não superior a oito horas diárias e quarenta e quatro semanais) ou mediante instrumentos de acordos ou convenção coletiva de trabalho.

376. A jornada de trabalho pode ser prorrogada?

Sim, por até 2 (duas) horas extraordinárias.

377. E o tempo que o motorista estiver à disposição do empregador?

Será considerado como trabalho efetivo, excluídos os intervalos para refeição, repouso, espera e descanso.

378. Quais são os intervalos devidos para refeição, repouso e descanso?

Será assegurado ao motorista profissional intervalo mínimo de 1 (uma) hora para refeição, além de intervalo de repouso diário de 11 (onze) horas a cada 24 (vinte e quatro) horas e descanso semanal de 35 (trinta e cinco) horas.

379. O que é tempo de espera?

São consideradas tempo de espera as horas que excederem à jornada normal de trabalho do motorista de transporte rodoviário de cargas que ficar aguardando para carga ou descarga do veículo no embarcador ou destinatário ou para fiscalização da mercadoria transportada em barreiras fiscais ou alfandegárias, não sendo computadas como horas extraordinárias.

380. As horas relativas ao tempo de espera são pagas?

Sim. As horas relativas ao período do tempo de espera serão indenizadas com base no salário-hora normal acrescido de 30% (trinta por cento).

381. O que é considerado viagem de longa distância?

É aquela em que o motorista profissional permanece fora da base da empresa, matriz ou filial e de sua residência por mais de 24 (vinte e quatro) horas.

382. Nas viagens de longa distância os intervalos devidos para refeição, repouso e descanso são os mesmos?

Não. Deverão ser observados o intervalo mínimo de 30 (trinta) minutos para descanso a cada 4 (quatro) horas de tempo ininterrupto de direção, podendo ser fracionados o tempo de direção e o de intervalo de descanso, desde que não completadas as 4 (quatro) horas ininterruptas de direção; intervalo mínimo de 1 (uma) hora para refeição, podendo coincidir ou não com o intervalo de descanso; repouso diário do motorista obrigatoriamente com o veículo estacionado, podendo ser feito em cabine leito do veículo ou em alojamento do empregador, do contratante do transporte, do embarcador ou do destinatário ou em hotel, ressalvada a hipótese da direção em dupla de motoristas.

383. E nas viagens com duração superior a uma semana?

Nas viagens com duração superior a 1 (uma) semana, o descanso semanal será de 36 (trinta e seis) horas por semana trabalhada ou fração semanal trabalhada, e seu gozo ocorrerá no retorno do motorista à base (matriz ou filial) ou em seu domicílio, salvo se a empresa oferecer condições adequadas para o efetivo gozo do referido descanso.

384. O motorista pode ser remunerado em função da distância percorrida?

Não. É proibida a remuneração do motorista em função da distância percorrida, do tempo de viagem e/ou da natureza e quantidade de produtos transportados, inclusive mediante oferta de comissão ou qualquer outro tipo de vantagem, se essa remuneração ou comissionamento comprometer a segurança rodoviária ou da coletividade ou possibilitar violação das normas da legislação.

XX. Do Trabalho Temporário

385. Quem é considerado trabalhador temporário?

Considera-se trabalhador temporário aquele contratado por empresa de trabalho temporário para prestação de serviço destinado a atender necessidade transitória de substituição de pessoal regular e permanente ou a acréscimo extraordinário de tarefas de outra empresa.

386. Quais os direitos do trabalhador temporário?

O trabalhador temporário tem direito à remuneração equivalente à percebida pelos empregados de mesma categoria da empresa tomadora ou cliente calculados à base horária, garantida, em qualquer hipótese, a percepção do salário mínimo; jornada de oito horas, remuneradas as horas extraordinárias não excedentes de duas, com acréscimo de 20% (vinte por cento); férias proporcionais; repouso semanal remunerado; adicional por trabalho noturno; indenização por dispensa sem justa causa ou término normal do contrato, correspondente a 1/12 (um doze avos) do pagamento recebido; seguro contra acidente do trabalho e proteção previdenciária.

387. Qual o prazo do trabalho temporário?

O contrato entre a empresa de trabalho temporário e a empresa tomadora ou cliente, com relação a um mesmo empregado, não poderá exceder de três meses, salvo autorização conferida pelo órgão local do Ministério do Trabalho e Previdência Social.

XXI. Do Trabalho Rural e do Trabalho Avulso

388. Quem é considerado empregado rural?

Empregado rural é toda pessoa física que, em propriedade rural ou prédio rústico, presta serviços de natureza não eventual a empregador rural, sob a dependência deste e mediante salário.

389. Quem é considerado empregador rural?

A pessoa física ou jurídica, proprietária ou não, que explore atividade agroeconômica em caráter permanente ou temporário, diretamente ou por meio de prepostos e com auxílio de empregados.

390. O trabalhador rural tem os mesmos direitos do trabalhador urbano?

Sim. Os direitos são os mesmos, além de serem os rurais beneficiados com a prescrição, computada sempre a partir da extinção do contrato de trabalho.

391. Então o FGTS também é aplicável aos rurais?

Não só o FGTS mas todos os demais direitos dos urbanos. Como, porém, existem direitos que devem ser adaptados às peculiaridades do trabalho no campo, esses serão disciplinados por lei própria.

392. Quais são esses direitos?

FGTS, remuneração do trabalho noturno superior à do diurno, participação nos lucros e, eventualmente, na gestão da empresa, jornada de trabalho, horas extras, licença à gestante, licença-paternidade, proteção à mulher, adicional de remuneração para atividades penosas, insalubres ou perigosas e assistência gratuita aos filhos e dependentes, de até seis anos de idade, em creches e pré-escolas.

393. O empregado rural que trabalha no sol tem direito ao adicional de insalubridade?

Não. Em face da ausência de previsão legal, é indevido o adicional de insalubridade ao trabalhador em atividade a céu aberto.

394. E o trabalhador avulso é equiparado ao urbano?

O trabalhador avulso tem direitos iguais ao do urbano pelo novo texto constitucional.

XXII. Do Contrato de Aprendizagem

395. O que é o contrato de aprendizagem?

É o contrato de trabalho especial, ajustado por escrito e por prazo determinado, em que o empregador se compromete a assegurar ao maior de 14 (quatorze) e menor de 24 (vinte e quatro) anos inscrito em programa de aprendizagem a formação técnico-profissional metódica compatível com o seu desenvolvimento físico, moral e psicológico e o aprendiz se compromete a executar com zelo e diligência as tarefas necessárias a essa formação.

396. Qual o prazo do contrato de aprendizagem?

O contrato de aprendizagem não poderá ser estipulado por mais de dois anos, exceto quando se tratar de aprendiz portador de deficiência.

397. Qual a duração do trabalho do aprendiz?

A duração do trabalho do aprendiz não excederá de seis horas diárias, sendo vedadas a prorrogação e a compensação de jornada.

398. Como se extingue o contrato de aprendizagem?

O contrato de aprendizagem extinguir-se-á no seu termo quando o aprendiz completar dezoito anos ou, ainda antecipadamente, nas hipóteses de desempenho insuficiente ou inadaptação do aprendiz; falta disciplinar grave; ausência injustificada à escola que implique perda do ano letivo ou a pedido do aprendiz.

399. O menor aprendiz tem direito à salário?

Sim. Ao menor aprendiz, salvo condição mais favorável, será garantido o salário mínimo hora.

XXIII. Da Prescrição

400. O que é prescrição?

É a perda do direito de acionar judicialmente em decorrência do decurso do tempo e tem fundamento no sentido de que deve haver estabilidade nas relações entre patrões e empregados, não podendo o interessado ficar guardando um direito para reclamá-lo quando quiser.

401. Qual o prazo prescricional para o trabalhador urbano reclamar?

Durante a vigência do contrato de trabalho pode ele reclamar créditos até cinco anos após a lesão do direito.

402. Quer dizer que, após cinco anos da lesão do direito, o empregado não poderá mais reclamar nenhum crédito?

Se a lesão atingir direito sobre prestações periódicas, decorrentes de direito assegurado por lei, prescreverão as prestações relativas aos cinco anos anteriores, mas não a possibilidade de reclamar o direito. Se, entretanto, reclamar o empregado contra um ato positivo do empregador que lhe lesou determinado crédito, passados cinco anos desse ato perderá a possibilidade de reclamar tal direito, uma vez que alterado o que foi pactuado.

403. E como prescrevem as ações após a extinção do contrato de trabalho?

Após dois anos da extinção do contrato, o empregado perde o direito de reclamar na Justiça.

404. E a prescrição dos direitos do trabalhador rural?

Quanto aos créditos resultantes da relação de emprego, poderá o trabalhador rural reclamá-los até dois anos após a extinção do contrato.

405. Como é a prescrição para os menores de dezoito anos?

Contra os menores de dezoito anos não corre nenhum prazo de prescrição — sejam urbanos, sejam rurais.

406. E a prescrição quanto ao FGTS?

É de trinta anos a prescrição do direito de reclamar contra o não recolhimento da contribuição para o FGTS, observado o prazo de 2 (dois) anos após o término do contrato de trabalho.

XXIV. Processo do Trabalho

407. O que é reclamação?

Eu acho que tenho um direito e o empregador acha que não tenho. Escrevo este direito no papel, ou mesmo verbalmente, reclamo-o na Justiça do Trabalho. Poderei também contratar um advogado para reclamar por mim ou farei isso por meio do sindicato.

408. Como assim?

Devo ir a um lugar no qual funcionam as Varas do Trabalho. Lá, por escrito, ou verbalmente, digo quais os meus direitos e quem deixou de cumpri-los. A reclamação poderá ser apresentada pelo empregado pessoalmente, por seu advogado, pelos sindicatos de classe ou por intermédio das Procuradorias Regionais da Justiça do Trabalho.

409. O que é Vara do Trabalho?

É um orgão do Poder Judiciário, composto por um Juiz do Trabalho, que vai julgar as controvérsias surgidas nas relações de trabalho entre o empregador (pessoa física ou jurídica) e o empregado (este sempre como indivíduo, pessoa física). Esse conflito chega à Vara na forma de Reclamação (ou Reclamatória) Trabalhista. Poderá ela também julgar processos em que a parte não é mais empregado mas tenha tido uma relação de trabalho.

410. E o que o Juiz faz após eu reclamar?

Vai chamar o reclamado, marcando dia e hora para ver se as partes entram em acordo.

411. E se não houver acordo?

Ele vai receber a defesa do reclamado e marcar outra data para ouvir as partes, suas testemunhas, e decidir quem tem direito por uma decisão chamada sentença.

412. Poderá ser minha testemunha a pessoa que tiver com uma ação na Justiça contra o mesmo empregador?

Sim. Não torna suspeita a testemunha o simples fato de estar litigando ou de ter litigado contra o mesmo empregador.

413. Após a sentença, o que acontece?

Com a sentença, sempre um perde. O vencido pode, no prazo de oito dias, contados da sentença, pedir que o Tribunal Regional verifique novamente com quem estava a razão. Isto se faz mediante um recurso chamado Recurso Ordinário.

414. O que é Tribunal Regional?

A Justiça é feita de homens e os homens erram. Procurando reduzir os erros, existe acima das Varas do Trabalho um Tribunal para cada região do Brasil, que verifica se o Juiz decidiu certo.

415. Quantas regiões trabalhistas existem no Brasil?

Atualmente existem 24 regiões trabalhistas no Brasil. O Tribunal Regional de Brasília (10ª Região) ainda julga as causas da competência do Estado do Tocantins.

416. O empregado precisa pagar para recorrer?

A Justiça custa dinheiro e quem procura seu direito precisa pagar para recorrer. O pagamento é feito mediante custas, de acordo com a tabela existente e valor da causa.

417. E se o empregado for pobre?

O empregado pode demonstrar, com atestado de pobreza, ou comprovando que ganha menos de dois salários mínimos, que não tem dinheiro para pagar as custas, sendo beneficiado então com a Justiça gratuita.

418. E o empregador precisa pagar para recorrer?

Sim, tem que pagar as custas.

419. E não precisa pagar a importância a que foi condenado?

Sim, precisa depositar na Vara a quantia devida ao empregado, a não ser que a importância ultrapasse um limite legal fixado, quando, então, deverá depositar até o limite dessa quantia. É o chamado depósito recursal.

420. No Recurso Ordinário podem ser apresentadas mais provas?

Não. O recurso remete ao Tribunal a matéria apresentada na Vara com os elementos constantes do processo, ou melhor, o Tribunal apenas faz uma revisão, a pedido do recorrente, da matéria existente no processo, confirmando ou modificando a decisão.

421. Como é a tramitação do processo no Tribunal?

O processo recebe um número, poderá ir à Procuradoria, em seguida volta ao Tribunal e, por sorteio, é distribuído a um Juiz para estudá-lo, chamado Relator.

422. E após este estudo?

Após este estudo prévio, o processo entra na pauta para ser julgado pelo Tribunal, que é composto de diversos juízes.

423. Os Tribunais Regionais são compostos de Turmas?

Sim, são divididos em Turmas.

424. E depois desse julgamento a solução é definitiva?

Depois que o Tribunal decide, o resumo da decisão vai à imprensa, a fim de ser publicado no jornal oficial, tornando-se de conhecimento público.

425. E depois da publicação?

Após a publicação, o vencido pode aceitar a decisão e, então, não há mais recurso, devendo ser ela executada.

426. O que é execução?

Quando baixa o processo para Vara, muitas vezes, o perdedor não quer pagar de imediato, devendo ser obrigado pela Justiça. Daí o Juiz, a pedido do vencedor ou por impulso próprio, cita-o para que pague em determinado prazo a dívida, sob pena de serem penhorados bens que bastem para o pagamento.

427. E se a dívida não for certa?

Terá que ser calculada pelo contador, arbitrada ou, após discutido o valor pelas partes, deve ser definida pelo Juiz.

428. O que é penhora?

É a garantia da dívida realizada pela Justiça sobre os bens do devedor que não quis ou não pode pagar imediatamente em dinheiro.

429. E depois da penhora?

Penhorados os bens e não paga a dívida, eles são vendidos em leilão e com o dinheiro arrecadado é pago o devido ao vencedor.

430. O que é penhora *on-line*?

A penhora *on-line* é um sistema inovador utilizado pelo Poder Judiciário, que permite que o juiz, por meio de uma solicitação eletrônica, bloqueie instantaneamente a conta-corrente do executado para que seja garantida a execução, buscando dessa forma um feito executivo mais rápido.

431. E se aquele que perdeu no Tribunal não aceitar a decisão?

Pode, no prazo de oito dias após a publicação do conteúdo do julgamento, chamado acórdão, apresentar um outro recurso que tem o nome de Recurso de Revista, para ser apreciado pelo Tribunal Superior do Trabalho.

432. É sempre cabível o Recurso de Revista?

Este é um recurso extraordinário que somente cabe se o vencido comprovar que a decisão do Tribunal Regional violou a lei ou foi diferente de outras decisões de outros Tribunais Regionais, ou do próprio Tribunal Superior do Trabalho, na composição de sua seção individual, ou ainda que a decisão divergiu de Súmula de Jurisprudência Uniforme do TST.

433. O que é o Tribunal Superior do Trabalho (TST)?

É o órgão superior da Justiça do Trabalho que decide a matéria trabalhista pela última vez.

434. Da decisão do Tribunal Superior do Trabalho não cabe mais nenhum recurso?

Em princípio não. Somente se a decisão for contra o texto da Constituição.

435. Apresentado o Recurso de Revista, este vai para o Tribunal Superior do Trabalho?

Não. Inicialmente, o Presidente do Tribunal Regional verifica se ele está apresentado na forma da lei e se é cabível.

436. O Presidente pode indeferir o Recurso de Revista?

O Presidente pode entender não ser possível a subida do Recurso.

437. E daí?

Ao perdedor cabe interpor um recursinho chamado Agravo de Instrumento, para que o Tribunal Superior do Trabalho, independentemente do entendimento do Presidente do Regional, mande subir o recurso.

438. E se o Presidente do Regional considerar o recurso cabível?

Se ele entender cabível, determina a subida do Recurso para ser examinado pelo Tribunal Superior.

439. E lá no Tribunal Superior do Trabalho?

No Tribunal Superior do Trabalho o processo recebe um número, é distribuído para um Relator e, após ser estudado, entra em pauta para ser julgado pelos três Ministros que compõem as Turmas.

440. Quantos Ministros tem o Tribunal Superior do Trabalho?

Tem vinte e sete Ministros.

441. Quantas Turmas tem o TST?

É formado por oito Turmas.

442. O processo sempre vai à Procuradoria para receber parecer?

Somente quando há interesse público.

443. Além das Turmas tem o Tribunal outras divisões?

Sim. Além das Turmas o Tribunal possui um Órgão Especial, uma Seção Especializada em Dissídios Coletivos e uma Seção Especializada em Dissídios Individuais, que se subdivide em duas subseções especializadas em dissídios individuais, uma apreciando recursos em mandado de segurança e ação rescisória e outra com competência para julgar recurso contra as decisões das Turmas.

444. Da decisão das Turmas cabe então recurso para seção?

Sim. Cabem embargos das decisões das Turmas que divergirem entre si ou das decisões proferidas pela Seção de Dissídios Individuais.

445. E os dissídios e recursos ordinários em dissídios coletivos?

São julgados diretamente pela seção especializada, cabendo embargos infringentes, caso não seja unânime a decisão, para ser apreciados pela mesma seção.

446. E o órgão especial, o que julga?

O órgão especial pode julgar sobre inconstitucionalidade, criar ou revogar Súmulas em dissídios individuais e precedentes normativos em dissídios coletivos, decidir sobre tabela de custas e emolumentos, regimento interno e questões administrativas e outras não incluídas nas competências dos demais órgãos.

447. Depois de julgados os Embargos pode ser interposto outro recurso?

Só se a matéria discutida for constitucional, isto é, fizer parte do texto da Constituição e houver violação dessa lei maior.

448. Qual o recurso então cabível?

Cabe Recurso Extraordinário para o Supremo Tribunal Federal.

449. O que é o Supremo Tribunal Federal?

É a mais Alta Corte do País e que decide todas as questões constitucionais trabalhistas ou não.

450. O recurso extraordinário é sempre admitido?

Não. Ao Presidente do Tribunal Superior do Trabalho cabe apreciá-lo, admitindo-o ou não, inclusive verificando se a matéria tem repercussão geral.

451. O que é repercussão geral?

É um requisito de admissibilidade do Recurso Extraordinário, em que será analisado se a matéria constitucional discutida é ou não relevante para a sociedade e para a nação. Para efeito da repercussão geral, será considerada a existência, ou não, de questões relevantes do ponto de vista econômico, político, social ou jurídico que ultrapassem os interesses subjetivos da causa.

452. E se não for admitido?

Caberá Agravo para que o Supremo Tribunal Federal aprecie as razões do recurso frente ao despacho do Presidente do Tribunal Superior do Trabalho, agravo este julgado no próprio TST.

453. E se for admitido o Recurso Extraordinário?

Caberá ao Supremo Tribunal apreciar se a decisão recorrida feriu ou não o texto da Constituição Federal, frente à repercussão geral da matéria.

454. Existem outros tipos de processo na Justiça do Trabalho?

Sim. A Justiça do Trabalho é competente também para apreciar as ações oriundas da relação de trabalho, abrangidos os entes de direito público externo e da administração pública direta e indireta da União, dos Estados, do Distrito Federal e dos Municípios; as ações que envolvam exercício do direito de greve; as ações sobre representação sindical, entre sindicatos, entre sindicatos e trabalhadores, e entre sindicatos e empregadores; os mandados de segurança, *habeas corpus* e *habeas data*; os conflitos de competência entre órgãos com jurisdição trabalhista; as ações de indenização por dano moral ou patrimonial decorrentes da relação de trabalho; as ações relativas às penalidades administrativas impostas aos empregadores pelos órgãos de fiscalização das relações de trabalho; a execução, de ofício, das contribuições sociais previstas no art. 195, I, *a*, e II, da CF e seus acréscimos legais, decorrentes das sentenças que proferir; outras controvérsias decorrentes da relação de trabalho, na forma da lei.

455. O que é relação de trabalho?

A relação de trabalho tem caráter amplo: refere-se a toda modalidade de trabalho humano modernamente admissível. A expressão relação de trabalho engloba a relação de emprego, a relação de trabalho autônomo, a relação de trabalho eventual, de trabalho avulso e outras modalidades de pactuação de prestação de trabalho.

456. O que são processos coletivos?

São processos nos quais as partes interessadas são entidades que representam as categorias econômicas e profissionais, isto é, os sindicatos, ou, em sua falta, as federações correspondentes; na falta destas, as confederações respectivas.

457. Por que as entidades discutem judicialmente?

O processo que se chama dissídio coletivo tem sua origem numa convenção coletiva frustrada, isto é, quando os sindicatos que representam as categorias não concordam amigavelmente com as melhorias de condições de trabalho e aumento salarial; pode também surgir o dissídio coletivo quando determinada categoria pretende interpretar alguma norma para esclarecer determinada situação, daí termos os dissídios coletivos de natureza econômica e jurídica.

458. Os processos coletivos podem ter como partes também sindicatos e empresas?

Sim. No caso teremos um dissídio decorrente de um acordo coletivo frustrado, o qual tem como interessados, de um lado, o sindicato que representa a categoria profissional e, de outro, uma ou várias empresas interessadas.

459. Por que se aplica o processo comum às causas trabalhistas?

O processo do trabalho tende a ser simples e rápido, existindo normas em números reduzidos a serem seguidas, mas determinadas situações jurídicas surgem sem o amparo dessas normas específicas. Nesses casos a própria legislação trabalhista determina que se aplique o processo civil para preencher tais lacunas.

460. O que é jurisprudência?

O direito pode ser interpretado de diversas formas. O conjunto das decisões dos tribunais formam a jurisprudência.

461. O que é Súmula?

É um conjunto de decisões, no mesmo sentido, tido como jurisprudência, isto é, a linha que determinado tribunal segue a respeito de um tema específico, com a finalidade de tornar público para sociedade tal posicionamento e também para, internamente, buscar a uniformidade entre as decisões dos juízes ou Ministros. Para ser alterada ou cancelada, requer um processo mais aprofundado de discussão na Corte que lhe deu origem.

462. E o que é Orientação Jurisprudencial (OJ)?

É utilizada apenas na Justiça do Trabalho e tem o mesmo objetivo das Súmulas, mas diferencia-se por ter maior dinamismo. A OJ tem tramitação menos rígida, com maior possibilidade de ser alterada ou cancelada. A Orientação Jurisprudencial está mais presa à realidade do dia a dia, a ponto de serem editadas OJ transitórias, que se aplicam a casos específicos de determinada categoria profissional ou empresa ou que tenham relações com leis cuja situação jurídica se estende por pouco tempo, ou porque a lei mudou ou porque vai mudar.

463. Os processos relativos a empregados da União, autarquias ou empresas públicas são julgados na Justiça Federal?

A Constituição especifica que todas as questões trabalhistas são julgadas na Justiça do Trabalho, não importando a natureza da pessoa interessada. A competência será sempre decorrente da matéria em litígio, mas sendo servidores públicos e o direito estatutário, a competência será da Justiça Federal. É o que entende o Supremo Tribunal Federal na atualidade.

464. O que é mandado de injunção?

A Constituição estabelece alguns direitos que dependem de regulamentação. Caso não sejam eles aplicáveis por falta de norma regulamentadora, pode o interessado ingressar na Justiça com uma ação, mandado de injunção, requerendo que a vantagem seja regulamentada pelo Poder Judiciário.

465. O que é mandado de segurança coletivo?

É a ação que pode ser impetrada diretamente por partido político, sindicato, entidade de classe ou associação legalmente constituída funcionando há pelo menos um ano para, em nome dos interessados, proteger direito líquido e certo coletivo.

466. O que é *habeas data*?

É o direito que toda pessoa tem de conhecer informações a ela relativas, constantes de registros ou bancos de dados de entidades governamentais ou de caráter público.

467. Pode o empregado impetrar *habeas data* na Justiça do Trabalho?

Sim. Exemplificando: se o trabalhador é demitido de um órgão vinculado ao governo e contra ele são alegadas faltas graves constantes de registros secretos da repartição, poderá o interessado, mediante o *habeas data*, tomar conhecimento de tais registros.

OBRAS DO AUTOR

Habeas corpus por falta de justa causa. Ministério da Justiça, 1966 – coautoria.

O contrato de trabalho e sua alteração. LTr, 1975 — coautoria.

O progresso atual e o contrato de trabalho do empregado doméstico. LTr, 1978.

Direito do trabalho ao alcance de todos. LTr, 1978, quinze edições, livro de ouro e livro de platina, mais de 600.000 exemplares vendidos.

Tendências do direito do trabalho contemporâneo. LTr, 1980 — diversos autores.

Direitos trabalhistas dos bancários. LTr, 1981.

Direito individual e processo do trabalho. Freitas Bastos, 1982.

Comentários às decisões do STF em matéria trabalhista. v. II. LTr, 1982.

A Justiça do Trabalho no Brasil — 1941/1981. LTr, 1982.

Comentários às decisões do STF em matéria trabalhista. v. II. LTr, 1984.

A advocacia no Tribunal Superior do Trabalho. LTr, 1984.

Sindicalismo. LTr, 1986 — Colaborador.

Reflexões poéticas de dois advogados: meu pai e eu. Horizonte, 1985.

O contrato de trabalho e sua alteração. 2. ed. revista e atualizada. LTr, 1986.

Comentários às decisões do STF em matéria trabalhista. v. III, LTr, 1988.

Relações coletivas de trabalho, 1989 — Colaborador.

Precedentes do TST em dissídios coletivos comentados. LTr, 1991.

Curso de direito constitucional do trabalho. Vários autores. LTr, 1991.

Recurso de revista. LTr, 1992.

Recursos trabalhistas. Coautoria. LTr, 1993.

Garantia no emprego já em vigor. LTr, 1994.

Comentários à Convenção n. 158 da OIT. LTr, 1995.

Estórias para crianças grandes. Carthago, 1996.

Novo direito do trabalho ao alcance de todos. LTr, 1997.

Desempregado ou supérfluo? LTr, 1998.

Comentários às novas reformas do judiciário trabalhista. Consulex, 2000.

Ensaios de direito do trabalho. CONSULEX, 2003.

Curiosidades inúteis. Carthago, 2003.

O servidor público e a Justiça do Trabalho. LTr, 2005 — colaborador.

Reforma do processo trabalhista individual e coletivo. LTr, 2006 — coautoria.

Livro de aluvião. Dom Quixote Editora, 2010.

MONOGRAFIAS PREMIADAS PELO TST

O progresso atual e o contrato de trabalho do empregado doméstico.

A Justiça do Trabalho no Brasil 1941–1981.

EDIÇÃO EM "BRAILLE"

Direito do trabalho ao alcance de todos.

ÍNDICE DAS PERGUNTAS

(os números referem-se aos itens)

Introdução

O que é o Direito do Trabalho?	1
Mas o trabalho que interessa ao Direito do Trabalho não é aquele entre empregado e empregador?	2
Mas a Justiça do Trabalho não é mais a protetora do empregado contra a força econômica do empregador?	3
E as ações entre sindicatos?	4
E as ações por dano moral ou patrimonial?	5
E os dissídios coletivos continuam existindo ou tudo deve ser resolvido pela negociação sindical?	6
Então, qual é o conteúdo atual do Direito do Trabalho?	7
Quais as fontes nas quais se origina o Direito do Trabalho?	8
As normas constitucionais favoráveis ao trabalhador aplicam-se independentemente de regulamentação?	9
As vantagens constitucionais que protegem o trabalhador modificam o contrato de trabalho em vigor a favor do empregado?	10
O que se entende por princípio da territorialidade?	11
O trabalhador pode renunciar os seus direitos?	12
Quem é o empregado?	13

O empregado pode ser tratado com desprezo pelo empregador porque trabalha com as mãos, diferente de outros que fazem um trabalho mais técnico ou intelectual?	14
Quem é o empregador?	15
O empregador é sempre uma pessoa física?	16
O que é uma empresa?	17
Então, as empresas não são só comerciais e industriais?	18
A lei trabalhista geral (CLT) é aplicável a todos os que trabalham?	19
O que é lei especial para o Direito do Trabalho?	20
O que vale mais: a vontade do empregado, a do empregador ou a do Estado?	21
O que é a Justiça do Trabalho?	22
O que faz o Juiz?	23

Identificação profissional

O que é a Carteira de Trabalho e Previdência Social (CTPS)?	24
A Carteira de Trabalho e Previdência Social é, então, obrigatória para entrar no emprego?	25
Qual a importância da Carteira de Trabalho e Previdência Social?	26
Onde é expedida a Carteira?	27
Quais são os documentos necessários para se tirar a Carteira?	28
E se o empregado não tiver esses documentos?	29
Com que idade pode ser emitida a CTPS?	30

O que será anotado na Carteira de Trabalho e Previdência Social? 31

Quem anota a Carteira? 32

Qual o valor das anotações? 33

E para o empregado, qual o valor das anotações? 34

E se a empresa recusar-se a devolver a Carteira anotada? . 35

O que é o Ministério do Trabalho e Emprego? 36

O Ministério do Trabalho e Emprego é o mesmo que o da Previdência Social? 37

Quais as funções do Ministério do Trabalho e Emprego? 38

Quais as funções do Ministério da Previdência Social? 39

Jornada de trabalho

Quantas horas deve trabalhar o empregado, em geral? 40

Então o trabalhador deverá trabalhar quarenta e oito horas por semana? 41

Existem trabalhos com horários especiais? 42

Pode o empregado trabalhar muitas horas além das oito? .. 43

Se o empregado trabalhar seis horas, haverá algum intervalo? 44

E se o trabalho exceder de seis horas? 45

Este intervalo de descanso integra a duração do trabalho? 46

Entre dois dias de trabalho, o empregado tem direito a descansar? 47

O que é o horário noturno? 48

O empregado ganha a mais por trabalhar à noite? 49

Entre 22 horas e 5 da manhã existem sete horas. O empregado só pode trabalhar de noite sete horas?	50
O que são horas extras?	51
O empregado deverá receber a mais por essas horas?	52
E se o empregado fizer horas extras habitualmente, por mais de um ano, estas integram seu salário quando forem suprimidas pelo empregador?	53
E enquanto não houver supressão, as horas extras prestadas têm seu valor considerado para o cálculo do valor devido nas férias e no 13º salário do empregado?	54
Quando o empregado pode trabalhar horas extras?	55
E se o empregado fizer mais de duas horas extras por dia?	56
E se o empregador combinar com o empregado para que ele trabalhe mais em um dia e menos no outro?	57
Serão descontadas ou computadas como horas extras as variações de horário no registro de ponto?	58
O tempo gasto pelo empregado até o local de trabalho, assim como o seu retorno deverá ser pago como hora extra	59
E as mulheres podem fazer horas extras?	60
O empregador pode exigir que o empregado faça horas extras?	61
E a prorrogação só poderá ser de duas horas diárias?	62
E esse direito conferido ao empregador de exigir o trabalho extraordinário pode ser exercido sempre?	63
É devido adicional sobre estas horas?	64
O que é força maior?	65

A duração normal do trabalho e suas prorrogações são aplicáveis a todos os empregados? 66

E no trabalho realizado em turnos ininterruptos de revezamento? 67

E os empregados que trabalham como operadores de *telemarketing*? 68

E os empregados que trabalham em minas no subsolo? ... 69

A mulher pode trabalhar em minas no subsolo? 70

Os empregados que chefiam o trabalho têm controle de horário? 71

Dois empregados ocupam cargo de confiança. Um trabalha em média 10 horas diárias e recebe 40%. O outro que trabalha em média 12 horas tem direito a receber adicional superior? 72

Qual a duração normal do trabalho dos bancários? 73

Os empregados que trabalham em empresas de créditos, financiamento ou investimento têm também direito à jornada de seis horas? 74

E os empregados de empresa de processamento de dados que prestam serviços a banco integrante do mesmo grupo econômico? 75

E os empregados de empresas distribuidoras e corretoras de títulos e valores mobiliários têm direito à jornada especial dos bancários? 76

E o vigilante, é considerado bancário? 77

Todos os empregados em bancos têm direito à jornada de trabalho de seis horas? 78

Mas se eu trabalho fazendo faxina em um banco, mas por ele não fui contratado, posso me considerar bancário e exigir a jornada especial de seis horas? 79

Os empregados que exercem funções de direção, gerência, fiscalização ou chefia, têm direiro ao horário de seis horas diárias? 80

Basta, então, que o empregador pague uma gratificação equivalente a um terço e considere o cargo do empregado de confiança excluído do horário diário de seis horas? . 81

Nesses casos, verificando a Justiça do Trabalho que o cargo não é de confiança, tem direito o empregador de compensar as horas extras devidas com as gratificações pagas? . 82

E o caixa executivo exerce cargo de confiança? 83

Quer dizer que a gratificação igual ou acima de um terço do salário efetivo serve para remunerar o empregado pela responsabilidade do cargo de confiança e não pelas horas trabalhadas acima das seis? 84

Os empregados de confiança que trabalharem acima de oito horas diárias terão direito a horas extras? 85

O bancário pode trabalhar aos sábados? 86

O sábado é dia de repouso remunerado para o bancário? 87

Como é possível prorrogar o horário diário de trabalho do bancário? 88

Quanto deve receber o bancário por hora extra trabalhada? 89

Pode haver compensação? 90

O trabalho bancário pode ser executado à noite? 91

Há exceções? 92

Quem trabalha no período diurno pode ser aproveitado no período noturno, ou vice-versa? 93

É permitido horário misto, isto é, parte diurno, parte noturno? 94

Quantas horas pode o bancário trabalhar no período noturno? 95

O que é o sobreaviso? 96

Se o empregado for obrigado a portar telefone celular fora de seu horário de trabalho terá direito às horas de sobreaviso? 97

Há diferença entre o trabalho realizado no estabelecimento do empregador, o executado no domicílio do empregado e o realizado à distância? 98

Repouso semanal

O que é o repouso semanal? 99

Todos os empregados têm direito ao repouso semanal? ... 100

E os funcionários públicos? 101

Qual a condição para o empregado receber o repouso semanal? 102

E se justificar a falta ou o atraso? 103

Qual a remuneração correspondente ao repouso semanal? 104

E os que trabalham por hora? 105

E quando o empregado trabalha por tarefa ou peça? 106

E quanto aos empregados que trabalham recebendo por produção, fora da sede da empresa? 107

Os empregados que recebem por quinzena ou mês, cujo cálculo do salário é feito na base de quinze ou trinta dias, como recebem o repouso? 108

E nos dias de feriados civis ou religiosos é devido também o repouso?	109
E se o trabalho for daqueles que não seja possível parar, mesmo nos feriados?	110

Das férias

O que são férias?	111
O período de férias é um direito do empregado?	112
Quando as férias devem ser concedidas?	113
As férias são sempre devidas ao empregado, integralmente?	114
E quando tiver mais de seis faltas durante o ano?	115
E se ele faltar mais de quatorze vezes até vinte e três durante o ano?	116
E faltando de vinte e quatro, até trinta e dois dias durante o ano?	117
Terá férias o empregado que faltar mais de trinta e dois dias no ano?	118
Qualquer falta do empregado será considerada para efeito de perda de gozo de férias?	119
O empregador pode descontar das férias as faltas ao serviço do empregado?	120
O período de férias é computado como tempo de serviço?	121
Além de perder as férias por faltas não justificadas, legalmente poderá o empregado perder o direito a férias por outras razões?	122
Como são concedidas as férias?	123

Quem escolhe a época das férias? 124

E se o empregado trabalhar junto com familiares? 125

E o menor de dezoito anos, estudante, que entra de férias na escola? 126

Como o empregado fica sabendo da época da concessão de suas férias? 127

As férias devem ser anotadas na Carteira de Trabalho? 128

O período de concessão das férias é sempre após doze meses de serviço? 129

E se o empregador não as conceder dentro desse prazo? .. 130

Então o empregado não gozará as férias? 131

E se o empregador não cumprir a decisão? 132

As férias podem ser vendidas? 133

Os empregados de uma mesma empresa ou de determinados estabelecimentos ou setores da empresa podem gozar férias coletivamente? 134

Como são regulamentadas? 135

E se o empregado estiver na empresa a menos de doze meses? 136

Qual a remuneração do empregado, durante o período das férias? 137

E quando o salário for pago, por hora, com jornadas variáveis? 138

E nos casos de salário por tarefa? 139

Como serão pagas as férias no caso em que o salário for recebido por porcentagem, comissão ou viagem? 140

A parte do salário paga em utilidade será computada para efeito da remuneração das férias? 141

E os adicionais serão computados no salário que servir de base ao cálculo da remuneração de férias? 142

O que é abono de férias? 143

Quando deve ser requerido este abono? 144

E no caso das férias coletivas? 145

O abono de férias integra o salário? 146

Quando cessa o contrato, tem direito o empregado à remuneração concernente às férias? 147

E na cessação de contrato do empregado com mais de um ano, terá ele direito a férias proporcionais? 148

E nos contratos por prazo determinado ou que cessarem com menos de um ano? 149

A remuneração das férias devidas, após a cessação do contrato, tem natureza salarial? 150

Como se conta a prescrição das férias? 151

Segurança e Medicina do Trabalho

O que é segurança e medicina do trabalho? 152

O que é insalubridade? 153

Como saber quais as atividades e operações insalubres? ... 154

O governo manda pagar mais para compensar a doença do empregado? 155

Como pode ocorrer a eliminação da insalubridade? 156

O fornecimento do aparelho de proteção pelo empregador o exime do pagamento do adicional de insalubridade? 157

O que é periculosidade? 158

Os empregados que operam em bomba de gasolina têm direito ao adicional de periculosidade? 159

O que é salário básico? 160

É devido o adicional de periculosidade quando o contato dá-se de forma eventual? 161

O ambiente pode ser insalubre e perigoso ao mesmo tempo? 162

Quer dizer que quando há insalubridade e periculosidade o trabalhador não acumula os adicionais? 163

Os referidos adicionais passam a integrar o salário do empregado não podendo mais ser retirados? 164

A partir de quando serão devidos os adicionais correspondentes? 165

A mulher pode trabalhar em ambientes insalubres ou perigosos? 166

Como se fez, atualmente, a prevenção de acidentes? 167

Como são eleitos os representantes dos empregadores? ... 168

E dos empregados? 169

Qual o prazo do mandato dos representantes da CIPA? ... 170

Como será indicado o Presidente da Comissão? 171

Os representantes dos empregados, na CIPA, podem ser despedidos sem justa causa? 172

O que é despedida arbitrária? 173

E se o empregador despedir o empregado sem fundamentar a despedida nesses motivos citados? 174

Quando o empregado deve usar o equipamento de proteção individual? 175

Os empregados estão obrigados a prestar exames médicos? 176

Quem paga o exame médico? 177

Qualquer estabelecimento pode iniciar suas atividades, sem aprovação de autoridade competente, em matéria de segurança e medicina do trabalho? 178

E se ficar demonstrado pelo serviço competente que existe grave risco para o trabalhador no estabelecimento, lugar, equipamento ou obra? 179

Nesses casos, os empregados não receberão salários durante os dias de interdição ou embargos? 180

Existem técnicas que garantem uma melhor segurança na construção? 181

E sobre a iluminação? 182

E quanto à ventilação? 183

Existem outras normas de proteção ao trabalho? 184

E nos trabalhos a céu aberto? 185

Pode o empregado ser obrigado a trabalhar removendo material pesado? 186

E a mulher pode remover material pesado? 187

Quando a execução da tarefa exige que o empregado trabalhe sentado, está o empregador obrigado a dar-lhe condições de proteção? 188

E quanto à higiene pessoal? 189

E quando o empregador não cumprir com as normas relativas à medicina e segurança do trabalho? 190

Da proteção à maternidade

A gravidez é considerada justo motivo para rescisão do contrato de trabalho? 191

E se tiver previsão no regulamento da empresa? 192

A empregada gestante tem direito a licença-maternidade de quantos dias? 193

E o pai tem direito à licença-paternidade? 194

A empregada gestante pode sair no horário de trabalho para realização de consultas médicas sem prejuízo do salário? . 195

A empregada que adotar uma criança terá direito à licença-maternidade? 196

O que é o salário-maternidade? 197

Quando é devido o salário-maternidade? 198

Qual o valor do salário-maternidade? 199

Em caso de aborto, a mulher tem direito à licença-maternidade? 200

Durante a jornada de trabalho, a mulher tem direito a descanso para amamentação? 201

Contrato individual de trabalho

O que é contrato de trabalho? 202

Esse contrato tem prazo de duração? 203

Quando é por prazo certo? 204

E qual o prazo máximo destes contratos determinados? .. 205

Pode o contrato por prazo determinado ser prorrogado? 206

Quer dizer que pode haver um contrato por prazo de dois anos prorrogável por mais de uma vez? 207

E se houver mais de uma prorrogação? 208

Podem ser feitos vários contratos por prazo determinado em intervalos pequenos? 209

No contrato de trabalho, as partes podem fixar quaisquer cláusulas? 210

A mudança na propriedade ou na estrutura jurídica da empresa modifica o contrato do empregado? 211

Então, o empregador pode ser substituído. E o empregado? 212

Se a empresa falir, entrar em recuperação judicial ou dissolver-se, perdem os empregados os seus direitos? 213

O que é falência? 214

O que é recuperação judicial? 215

Como o empregado prova o contrato de trabalho? 216

E se o empregado houver sido contratado por uma empresa para trabalhar em outra, quem será, na verdade, seu patrão? 217

Qual a principal obrigação do empregador? 218

Salário e remuneração

O que é salário? 219

Salário é um pagamento pelo serviço prestado? 220

Remuneração é o mesmo que salário? 221

O que é gorjeta? 222

As comissões, porcentagens, gratificações ajustadas e abonos pagos pelo empregador integram o salário? 223

E as diárias para viagens? 224

E a ajuda de custo integra o salário? 225

O que são prestações *in natura*? 226

No caso, então, pode o empregador pagar o salário total do empregado, somente em roupas, ou em alimentação? . 227

O pagamento *in natura* pode ser feito com bebidas alcoólicas? 228

E as roupas e outros acessórios que o empregador concede para que sejam utilizados no trabalho podem ser considerados salário *in natura*? 229

Um empregado que faz o mesmo serviço que outro deve ganhar o mesmo salário? 230

Por quê? 231

Sempre cabe o pedido de equiparação salarial? 232

O que é quadro de pessoal? 233

O salário pode ser pago em moeda estrangeira? 234

Pode o salário ser pago em promessa ou em de papel para que o empregado o receba depois? 235

Se o empregado quebrar algum objeto da empresa tem de pagar ao empregador? 236

Se o empregado, no curso do trabalho, recebe cheques em pagamento dos clientes e estes cheques forem devolvidos por falta de fundos ou por qualquer outra irregularidade não forem pagos pelo Banco, o empregador pode descontar do empregado estes valores? 237

O salário pode sofrer descontos? 238

O salário pode ser pago fora do local de trabalho? 239

O empregado pode gastar seu dinheiro em vales no armazém do empregador? 240

O salário pode ser pago de dois em dois meses? 241

As gratificações integram o salário? 242

Pode o empregador retirar a gratificação a qualquer momento? 243

O salário, então, deve ser pago por mês? 244

Quer dizer que o salário é sempre calculado pelo tempo de serviço que presta o empregado? 245

Se o empregado iniciar o trabalho sem contratar uma quantia, qual o salário a que terá direito? 246

Salário mínimo

O que é salário mínimo? 247

Como é fixado o salário mínimo? 248

Quais as necessidades vitais descritas na Constituição? 249

O empregado pode ter descontado de seu salário mínimo o percentual da previdência social? 250

E os empregados que percebem remuneração variável? ... 251

O que é o salário família? 252

O salário família tem natureza salarial? 253

Quer dizer que mesmo que a esposa do trabalhador e seus filhos maiores de quatorze anos não trabalhem e sejam dependentes do trabalhador, apesar de serem da família, não dão direito a que, por eles, possa o empregado receber salário família? 254

O empregado menor tem direito a salário mínimo igual ao do maior? 255

E o menor que trabalha no campo? 256

E as mulheres, têm elas salário mínimo diferente daquele dos homens? 257

O que é o salário mínimo profissional? 258

O que é a Lei? 259

O que é uma convenção coletiva? 260

O que é uma sentença normativa? 261

Por quanto tempo vigora o salário mínimo fixado? 262

Pode o empregado ganhar menos que o salário mínimo? 263

Alteração do contrato de trabalho

O contrato de trabalho pode ser alterado? 264

E se o empregado aceitar a alteração? 265

Então, o contrato, na prática, nunca poderá ser alterado? 266

E as modificações que não trazem prejuízos nem benefícios ao empregado? 267

Mas por que o consentimento do empregado não é aceito, no caso de prejuízo? 268

O empregador pode transferir o empregado provisioriamente? 269

Pode o empregador transferir o empregado definitivamente? 270

E quando a transferência for definitiva, o empregado tem direito ao adicional de transferência?	271
E se ocorrer a extinção do estabelecimento?	272
O empregador pode reduzir o trabalho do empregado que ganha por produção?	273
E a jornada de trabalho pode ser alterada, unilateralmente, pelo empregador?	274
E a alteração do contrato em razão da transferência de horário de trabalho, de noturno para diurno, ela é possível? O empregado deixa de receber o adicional noturno?	275
Pode a empresa reduzir o salário de seus empregados?	276
Pode o empregado ser desviado da função?	277
E no caso de extinção da função?	278
E se o empregado ocupar função de confiança?	279
É possível a alteração do contrato, dispensado o empregado do cargo de confiança, com a supressão da gratificação percebida?	280

Suspensão e interrupção do contrato de trabalho

O que é suspensão do contrato de trabalho?	281
Quais os casos de suspensão de contrato, em nosso Direito?	282
O que é interrupção do contrato de trabalho?	283
Durante a suspensão nenhuma cláusula vigora?	284
E na interrupção?	285
Qual a diferença, em síntese, entre suspensão e interrupção do contrato de trabalho?	286

Mas por que esta vantagem para o trabalhador concedida pela interrupção? 287

Quais os casos de interrupção do contrato de trabalho? ... 288

Pode haver outros motivos de interrupção? 289

E nos casos de serviço militar obrigatório, está o empregador obrigado a pagar salários? 290

O empregado com o contrato suspenso ou interrompido perde as vantagens concedidas à categoria durante a sua ausência? 291

Garantia no emprego

O que é estabilidade? 292

O que fez a Constituição de 1988? 293

Como assim? 294

Então, quem é optante é também estável? 295

O que é estabilidade provisória? 296

E a gestante tem estabilidade provisória? 297

E se o empregador não souber que a empregada está grávida e mandá-la embora? 298

E se a gestante estiver no período do contrato de experiência? 299

E se a gestante estver no período do aviso-prévio? 300

Se o empregado cometer uma falta grave, ainda no regime de estabilidade, poderá ser demitido sem nenhuma indenização? 301

E o empregado que sofre acidente de trabalho, ele tem direito a alguma estabilidade ou pode ser demitido no dia seguinte do retorno de sua licença? 302

O dirigente sindical tem direito à estabilidade? 303

Durante o inquérito para demitir o estável, o trabalhador não recebe o salário? 304

E se o empregado não quiser retornar ao trabalho por não haver mais relacionamento entre ele e o empregador? . 305

Se a empresa for extinta, sem a ocorrência de motivo de força maior, é devido ao empregado estável alguma indenização? 306

Fundo de Garantia do Tempo de Serviço

O que é Fundo de Garantia do Tempo de Serviço? 307

O percentual de 40% sobre o FGTS, devido ao empregado no caso de dispensa sem justa causa, é calculado sobre o saldo da conta do FGTS quando da demissão sobre o total dos depósitos do FGTS desde a abertura da conta ou sobre o total dos depósitos efetuados pelo empregador que agora o está dispensando? 308

Nos casos de interrupção do contrato, os depósitos do FGTS são devidos ao empregado? 309

E nos casos de suspensão do contrato de trabalho? 310

Sobre o 13º salário incide o depósito de Fundo de Garantia? 311

Quando o empregado poderá sacar o FGTS? 312

Onde sacar o FGTS? 313

O trabalhador pode sacar o FGTS qualquer dia do mês ou há uma data mais indicada? 314

Quando o empregado pede demissão, é demitido por justa causa ou quando entra em acordo para rescindir seu contrato não poderá utilizar sua conta do FGTS? 315

E quando o empregado falecer, o que será feito de sua conta? 316

O empregado tem como conferir se os depósitos do FGTS estão sendo feitos? 317

E se o empregador não tiver depositando? 318

As contas do FGTS têm rendimento? 319

Do Aviso-prévio

O que é aviso-prévio? 320

Essa ampliação do aviso-prévio atinge a empresa e o empregado? 321

Qual a redução da jornada durante o aviso-prévio? 322

E se o prazo não for concedido pelo empregador? 323

E se o empregado negar-se à concessão do referido prazo? 324

O empregado pode renunciar ao aviso-prévio? 325

O tempo do aviso-prévio integra o contrato de trabalho? 326

Pode o empregado ou o empregador reconsiderar o ato de aviso-prévio durante seu prazo? 327

Se o empregador, durante o aviso-prévio, praticar ato que justifique a rescisão por parte do empregado, o que acontecerá? 328

E se o empregado cometer falta grave durante esse prazo? 329

O aviso-prévio é também assegurado aos domésticos? 330

Extinção do contrato de trabalho

O que é a justa causa que possibilita a demissão do trabalhador? 331

O empregador poderá punir o empregado pela falta cometida a qualquer momento? 332

Quais são esses atos faltosos do empregado? 333

O empregado pode pedir para sair do emprego e ser indenizado porque o empregador agiu cometendo falta grave contra ele? 334

Quais são as faltas graves que podem ser cometidas pelo empregador? 335

Se o empregador atrasar o salário por um mês, o empregado já pode pedir a rescisão indireta? 336

Pode ser que o empregador ou o empregado não queiram, de comum acordo, continuar com o contrato ou queiram fazer acordo com o tempo de serviço. Podem assim agir? 337

Por que estes acordos têm que ser homologados? 338

Então o contrato é sempre formal? 339

Como deve proceder o empregado que, ao receber suas verbas rescisórias, verifica que não estão corretas? 340

Quais os documentos necessários para homologação da rescisão? 341

No ato de rescisão é preciso a presença do empregado e do empregador? 342

E se o empregado for menor? 343

Qual o prazo que o trabalhador tem de esperar para receber suas verbas rescisórias? 344

O empregador é obrigado a cumprir esses prazos? 345

Como deve ser feito o pagamento das verbas rescisórias? 346

Há algum impedimento legal para a rescisão contratual?. 347

Quais os direitos do trabalhador dispensado sem justa causa? 348

Quais os direitos do trabalhador dispensado por justa causa? 349

Quais os direitos do trabalhador se houver culpa recíproca (culpa dos dois)? 350

Quais os direitos do empregado dispensado por rescisão indireta (falta grave do empregador)?............................. 351

Quais os direitos do empregado que pedir demissão? 352

Então, se o empregado, por vontade própria, deixar o emprego ou for demitido por justa causa, não terá direito a nenhuma indenização?... 353

Quais os direitos do empregado dispensado por vencimento do contrato a prazo determinado? 354

Quais os direitos do empregado dispensado antes do fim do contrato a prazo determinado? 355

Aplicam-se aos contratos por prazo determinado, na rescisão antecipada, as normas do aviso-prévio? 356

E no caso de morte do empregado, os herdeiros têm algum direito? 357

Quais os direitos do empregado no caso da extinção da empresa? 358

Quais os direitos do empregado em razão de sua aposentadoria? 359

Do trabalho doméstico

Quem é considerado empregado doméstico? 360

Quais os direitos concedidos aos empregados domésticos? .. 361

Quais os documentos que o empregado doméstico deve apresentar ao ser admitido no emprego? 362

Quais as obrigações do empregado doméstico? 363

Quais as obrigações do empregador? 364

O empregador poderá efetuar algum desconto no salário do empregado doméstico? 365

O empregador poderá efetuar descontos no salário do empregado doméstico por fornecimento de alimentação ou vestuário? 366

Quais são os benefícios que o empregado doméstico não tem direito? 367

O caseiro é considerado empregado doméstico? 368

E o empregado em condomínio residencial? 369

A diarista é considerada empregada doméstica? 370

Do Trabalho do Motorista Profissional

Quem é considerado motorista profissional? 371

Quais são os direitos do motorista profissional? 372

Quais são os deveres do motorista profissional? 373

E se o motorista recusar a submeter-se a teste e a programa de controle de uso de droga e de bebida alcoólica, instituído pelo empregador? 374

Qual é a jornada diária de trabalho do motorista profissional? 375

A jornada de trabalho pode ser prorrogada? 376

E o tempo que o motorista estiver à disposição do empregador? 377

Quais são os intervalos devidos para refeição, repouso e descanso? 378

O que é tempo de espera? 379

As horas relativas ao tempo de espera são pagas? 380

O que é considerado viagem de longa distância? 381

Nas viagens de longa distância os intervalos devidos para refeição, repouso e descanso são os mesmos? 382

E nas viagens com duração superior a uma semana? 383

O motorista pode ser remunerado em função da distância percorrida? 384

Do trabalho temporário

Quem é considerado trabalhador temporário? 385

Quais os direitos do trabalhador temporário? 386

Qual o prazo do trabalho temporário? 387

Do trabalho rural e do trabalho avulso

Quem é considerado empregado rural? 388

Quem é considerado empregador rural? 389

O trabalhador rural tem os mesmos direitos do trabalhador urbano? 390

Então o FGTS também é aplicável aos rurais? 391

Quais são esses direitos? 392

O empregado rural que trabalha no sol tem direito ao adicional de insalubridade? 393

E o trabalhador avulso é equiparado ao urbano? 394

Do contrato de aprendizagem

O que é o contrato de aprendizagem? 395

Qual o prazo do contrato de aprendizagem?	396
Qual a duração do trabalho do aprendiz?	397
Como se extingue o contrato de aprendizagem?	398
O menor aprendiz tem direito à salário?	399

Da prescrição

O que é prescrição?	400
Qual o prazo prescricional para o trabalhador urbano reclamar?	401
Quer dizer que, após cinco anos da lesão do direito, o empregado não poderá mais reclamar nenhum crédito?	402
E como prescrevem as ações após a extinção do contrato de trabalho?	403
E a prescrição dos direitos do trabalhador rural?	404
Como é a prescrição para os menores de dezoito anos?	405
E a prescrição quanto ao FGTS?	406

Processo do Trabalho

O que é reclamação?	407
Como assim?	408
O que é Vara do Trabalho?	409
E o que o Juiz faz após eu reclamar?	410
E se não houver acordo?	411
Poderá ser minha testemunha a pessoa que tiver com uma ação na Justiça contra o mesmo empregador?	412

Após a sentença, o que acontece? 413
O que é Tribunal Regional? 414
Quantas regiões trabalhistas existem no Brasil? 415
O empregado precisa pagar para recorrer? 416
E se o empregado for pobre? 417
E o empregador precisa pagar para recorrer? 418
E não precisa pagar a importância a que foi condenado? . 419
No Recurso Ordinário podem ser apresentadas mais provas? 420
Como é a tramitação do processo no Tribunal? 421
E após este estudo? 422
Os Tribunais Regionais são compostos de Turmas? 423
E depois desse julgamento a solução é definitiva? 424
E depois da publicação? 425
O que é execução? 426
E se a dívida não for certa? 427
O que é penhora? 428
E depois da penhora? 429
O que é penhora *on-line*? 430
E se aquele que perdeu no Tribunal não aceitar a decisão? 431
É sempre cabível o Recurso de Revista? 432
O que é o Tribunal Superior do Trabalho (TST)? 433
Da decisão do Tribunal Superior do Trabalho não cabe mais nenhum recurso? 434

Apresentado o Recurso de Revista, este vai para o Tribunal Superior do Trabalho?	435
O Presidente pode indeferir o Recurso de Revista?	436
E daí?	437
E se o Presidente do Regional considerar o recurso cabível?	438
E lá no Tribunal Superior do Trabalho?	439
Quantos Ministros tem o Tribunal Superior do Trabalho?	440
Quantas Turmas tem o TST?	441
O processo sempre vai à Procuradoria para receber parecer?	442
Além das Turmas tem o Tribunal outras divisões?	443
Da decisão das Turmas cabe então recurso para seção?	444
E os dissídios e recursos ordinários em dissídios coletivos?	445
E o órgão especial, o que julga?	446
Depois de julgados os Embargos pode ser interposto outro recurso?	447
Qual o recurso então cabível?	448
O que é o Supremo Tribunal Federal?	449
O recurso extraordinário é sempre admitido?	450
O que é repercussão geral?	451
E se não for admitido?	452
E se for admitido o Recurso Extraordinário?	453
Existem outros tipos de processo na Justiça do Trabalho?	454
O que é relação de trabalho?	455

O que são processos coletivos? 456

Por que as entidades discutem judicialmente? 457

Os processos coletivos podem ter como partes também sindicatos e empresas? 458

Por que se aplica o processo comum às causas trabalhistas? 459

O que é jurisprudência? 460

O que é Súmula? 461

E o que é Orientação Jurisprudencial (OJ)? 462

Os processos relativos a empregados da União, autarquias ou empresas públicas são julgados na Justiça Federal? 463

O que é mandado de injunção? 464

O que é mandado de segurança coletivo? 465

O que é *habeas data*? 466

Pode o empregado impetrar *habeas data* na Justiça do Trabalho? 467